道路交通与路基路面工程

王维舟　邵长顺　主编

延边大学出版社

图书在版编目（CIP）数据

道路交通与路基路面工程 / 王维舟，邵长顺主编
. — 延吉：延边大学出版社，2023.9
ISBN 978-7-230-05476-8

Ⅰ. ①道… Ⅱ. ①王… ②邵… Ⅲ. ①道路工程－交通工程－研究②路基工程－研究③路面－道路工程－研究 Ⅳ. ①U491②U416

中国国家版本馆CIP数据核字(2023)第176467号

道路交通与路基路面工程

主　　编：王维舟　邵长顺
责任编辑：王治刚
封面设计：文合文化
出版发行：延边大学出版社
社　　址：吉林省延吉市公园路977号　　　　邮　　编：133002
网　　址：http://www.ydcbs.com　　　　　　E-mail：ydcbs@ydcbs.com
电　　话：0433-2732435　　　　　　　　　　传　　真：0433-2732434
印　　刷：三河市嵩川印刷有限公司
开　　本：710×1000　1/16
印　　张：12.75
字　　数：220 千字
版　　次：2023 年 9 月 第 1 版
印　　次：2024 年 1 月 第 1 次印刷
书　　号：ISBN 978-7-230-05476-8

定价：65.00元

编 写 成 员

主　　编：王维舟　邵长顺

副 主 编：程可秀

编写单位：甘肃昶通公路养护科技有限公司

济宁市公路工程总公司

济宁市公路事业发展中心

前　言

随着我国经济的快速发展，城市建设日新月异，城市道路交通系统作为最重要的基础保障设施，一直得到社会各界的高度关注。目前，道路交通建设已从最初的满足通行需要向满足安全需要及精细化方向发展。在道路交通工程建设中，路基路面工程作为基础工程，其质量管控不容小觑。

《道路交通与路基路面工程》全书共七章，字数 22 万余字。由甘肃昶通公路养护科技有限公司王维舟、济宁市公路工程总公司邵长顺担任主编。其中第一章、第四章、第五章、第六章、第七章第一节、第三节由主编王维舟负责撰写，字数 12 万余字，第二章、第三章、第七章第二节、第四节由主编邵长顺负责撰写，字数 10 万余字。副主编由济宁市公路事业发展中心程可秀担任，为本书出版做了大量工作。

在本书的撰写过程中，收到很多专家、业界同事的宝贵建议，谨在此表示感谢。同时笔者参阅了大量的相关著作和文献，在参考文献中未能一一列出，在此向相关著作和文献的作者表示诚挚的感谢和敬意！

由于作者水平有限，加之编写时间仓促，书中难免会有疏漏不妥之处，恳请专家、同行不吝批评指正。

笔者

2023 年 7 月

1

目　录

第一章　道路交通工程总论 ………………………………………… 1

　　第一节　道路交通与道路工程 …………………………………… 1

　　第二节　路基与路面 ……………………………………………… 20

　　第三节　路基路面工程的特点与精细化管理 …………………… 32

第二章　路基设计 …………………………………………………… 40

　　第一节　一般公路路基的排水设计 ……………………………… 40

　　第二节　特殊路基设计中综合处理软土方法的应用 …………… 45

　　第三节　复杂地质条件下滨海高速路基设计 …………………… 48

　　第四节　膨胀土地区公路路基设计 ……………………………… 53

第三章　挡土墙设计 ………………………………………………… 63

　　第一节　挡土墙的用途、类型及使用条件 ……………………… 63

　　第二节　挡土墙的布置与构造 …………………………………… 66

　　第三节　重力式挡土墙设计 ……………………………………… 72

　　第四节　轻型挡土墙设计 ………………………………………… 76

第四章　路基防护工程 ……………………………………………… 83

　　第一节　路基边坡防护 …………………………………………… 83

第二节　路基冲刷防护 106

第三节　挡土墙构造与施工 109

第四节　路基加固 116

第五章　路基施工 120

第一节　填方路堤施工 120

第二节　路堑开挖 125

第三节　路基压实 129

第六章　路面基层与施工 135

第一节　路面基层的基础知识 135

第二节　碎（砾）石基层 143

第三节　半刚性基层 154

第四节　路面基层施工质量控制 156

第七章　路基路面施工技术与养护管理 163

第一节　路基路面施工技术及质量管理措施 163

第二节　沥青路面常见病害及养护处理 168

第三节　水泥混凝土路面常见病害及养护处理 176

第四节　高速公路路基路面的养护与维修 181

参考文献 190

第一章　道路交通工程总论

第一节　道路交通与道路工程

一、道路交通发展概况

（一）道路交通发展历程

道路是供各种车辆和行人等通行的工程设施。道路工程则是以道路为对象而进行的规划、设计、施工、养护与管理工作的全过程及其工程实体的总称。

自从有人类开始，就有了道路。路是人走出来的，原始人活动于自然界的山河之间，进行打猎、捕鱼、采摘等活动，其惯行的足迹就形成了"路"。因此，可以说道路的历史就是人类发展的历史。人类在社会、经济生活中创造了道路，而道路的产生和发展又为推动社会的发展和人类的进步作出了巨大的贡献。后来，人类开始定居生活，以驻地为中心的步行交通出现了。

随着经济的发展和生产力水平的提高，货物运输开始发展。起初，人们主要依靠人力进行运输。在人们饲养动物后，陆路运输以动物（如马、驴、牛、骆驼等）驮载为主。

大约公元前 4 000 年，出现了车轮，这是人类物质文化发展史中的大事。人们用车轮代替滑木，以滚动代替滑动，减小了行车阻力，提高了运输效率。随着车辆的出现，由动物牵引的轮式车辆开始使用。轮式车辆的使用对道路提出了更高的要求，于是宽度和质量都较好的马车道路开始出现。车的发明改变了运输完全依靠人背、肩挑、棒抬、头顶的原始运输方式，是运输史上新的里程碑。

中国古代传说中就有黄帝"劈山通路"和"黄帝造车"之说，故号轩辕氏，轩是古代一种有围棚的车，辕则是车的构件。夏代就有制造车辆的确切记载，在考古中还发现夏代的陶器上画有车轮花纹，这些都是夏代使用过车的佐证。马车时代的道路虽然有很大的进步，但是由于马的运力有限，车速较低、爬坡能力弱，因此它远远不能适应经济发展的需要和人们生活水平提高对陆路交通的要求。于是，陆路交通运输正酝酿着一场新的变革。

从 1886 年汽车出现到第一次世界大战结束，是公路发展的早期阶段。这一时期，汽车数量不多，多数公路由原来的马车道改造而成。一方面，由于车辆少，交通密度小、速度低，汽车与马车在车道上混合行驶，因此公路的技术标准很低；另一方面，由于铁路的迅速发展，当时世界铁路总里程已达 127 万千米，因此铁路成为当时陆上交通的主体，公路运输仅是铁路、水路运输的辅助手段。世界铁路大发展的局面，使这一时期在交通运输史上被称为"铁路运输时代"。

第一次世界大战后，公路建设发展迅速，主要原因有：第一，第一次世界大战结束后，一些资本主义国家的关注点从军事工业转向民用工业，使汽车工业得以迅速发展。同时，由于工业机械化生产发达，市场劳动力过剩，有更多的劳动力投入公路建设。第二，一些国家出于军事目的，对公路建设投入较大，使公路得以发展。

这一时期公路运输开始普及，干线公路标准有很大提高，欧美各国已初步形成了国家的公路干线网，兽力车相继被淘汰。在整个交通运输体系中，汽车的优越性得以发挥。在各种运输方式的竞争中，公路运输的地位日益提高，作用日益扩大。公路运输不仅是短途运输的主力军，而且在中、长途运输中开始崭露头角，与铁路运输、水路运输竞争抗衡。铁路运输的垄断地位开始改变，比重大幅度下降。在美、英、法等国，出现了拆铁路改修公路的现象。

该阶段，道路发展史上有两件大事：一是高速公路的出现，二是一门新兴学科——交通工程的产生。高速公路和交通工程学科的出现把公路发展推向了现代道路的新阶段。

1932 年 8 月 6 日，德国建成了西部城市科隆和波恩之间全长约 18 km 的世界上第一条高速公路，设计时速 120 km，1958 年被命名为 A555 号高速公路。高速公路是一种新型的交通设施，它的修建从根本上保证了汽车行驶的快速、安全、舒适，为公路事业的进一步发展开辟了广阔的前景。

交通工程这一新兴学科的出现对进行道路交通规划、提高道路的通行能力、减少交通事故和交通公害有着十分重要的作用，为现代高速公路的发展奠定了理论基础。

这一时期公路发展较快的国家主要是美国、德国和其他一些经济发达国家。公路发展的主要特征有两点：一是路面铺装率大大提高。1915 年路面铺装率只有 10%，而到这一时期铺装率已达到 70%。二是公路运输在交通运输中的比重大大提高。公路运输已在各种交通运输中开始起到主导作用。

现代道路的发展速度很快，特别是 20 世纪 70 年代以来，国外道路运输进入大发展时期。现在，发达国家的公路网体系，包括其中的高速公路网骨架已基本建成。这些国家的道路部门除继续将部分精力放在道路建设上外，更将相当精力放在研究道路的使用功能与车流安全和行车舒适性上，以及改善道路周围环境、人文景观等方面。可以说，发达国家大规模的公路建设时期已经结束或即将结束，已全面进入道路的运营管理阶段，道路网和汽车流已渗透到 7 社会生活的各个方面，在社会中产生巨大影响。

20 世纪初，汽车开始进入我国，于是通行汽车的公路便发展起来。但在半殖民地半封建的旧中国，公路建设缓慢，到 1949 年全国通车的公路里程仅为 8.07 万千米，而且大多是在东南沿海地区。中华人民共和国成立以来，前 30 年由于国民经济处于恢复期，发展较慢。但从 1978 年起，国家实行改革开放政策，我国的交通运输业取得跨越式发展。按照发展经济学理论，公路交通等基础设施作为社会先行资本，对工业化进程起着决定性作用，是一国"起飞"的必要条件。伴随着公路基础设施的飞速发展，我国国民经济的发展速度同样是史无前例的。

在改革开放的大背景下，我国公路交通基础设施的跨越式发展促进了人和货物的移动，从而推动了贸易增长和产业升级，为文化技能传播、生产率提高创造了条件。交通便利性的提高，还提升了城市的宜居水平和经济潜力，从而增加了城市的吸引力，并使城乡居民能够公平获取更多基本商品、服务、活动（如工作、教育、医疗等）的机会，缩小了城乡之间的差距，对促进城镇化发展与社会和谐进步产生了重要而深远的影响。

（二）我国道路交通发展趋势

新时期，我国的道路交通建设取得了显著成就，全国公路总里程和高速公路总里程不断增加，路网结构不断完善，"五纵七横"高速公路网骨架逐步形成，为我国国民经济又好又快发展提供了强有力保证。

但在取得显著成绩的同时，我国道路工程领域发展仍面临许多问题。例如：发展方式粗放，资源消耗量大，节能减排形势严峻，不能满足科学发展的新要求；道路结构耐久性不足，道路的早期病害普遍存在，制约了道路基础支撑作用的发挥；施工过程控制系统不健全，施工自动化、机械化水平较低，管理基础建设仍较薄弱，队伍素质与规范化管理仍显不足，给道路的施工质量带来不利影响，制约了道路路用性能的高效发挥；道路的服务功能亟待加强，尤其我国近年来暴雨与冰雪灾害频繁发生，使路面表面功能严重下降，带来很大的安全隐患，发展新型抗滑排水路面、融冰化雪路面来提高路面抗滑性能，确保雨雪天行车安全迫在眉睫。

"十二五"期间，我国的各项事业继续深入发展，建设资源节约型、环境友好型社会成为科学发展、可持续发展的总要求。未来道路的发展趋势应是结构耐久、使用寿命长、功能性好、资源消耗少、环境污染小的满足新时期发展要求的高性能、低碳环保道路。我国道路工程领域应抓住机遇，转变发展方式，充分利用新材料、新技术、新工艺，发展既可以提供更高水平的服务功能，又能满足节能环保要求的新型道路。

1.发展长寿命路面

随着我国经济的快速发展和道路交通车辆组成的重大变化，交通量骤增，重载、超载现象普遍，一些道路并未达到预期使用年限便已出现不同程度的早期病害，原有的路面设计方法已不能很好地适应重载交通条件下路面设计的需要。在此背景下，发展重载交通条件下的长寿命路面是必然趋势。长寿命路面是指在设计使用年限内无结构性的修复和重建，仅需根据表面层损坏状况进行周期性修复的设计，使用年限可达 50 年的路面。

长寿命路面采用了新型路面材料和新型路面结构，目前主要研究的长寿命路面有两类：

一类是采用复合式路面结构，即由连续配筋混凝土面板和沥青混凝土上面层组成刚柔复合路面，具有水泥路面强度高、耐久稳定、使用寿命长和沥青路面行车条件好的优点。用新型的纤维筋代替钢筋，可克服钢筋易锈蚀的缺点，但诸如纤维筋与混凝土的黏结等问题仍处于研究中。

另一类是柔性基层沥青路面，分为沥青路面层直接铺筑在土基上的全厚式沥青路面和沥青路面层铺筑在粒料基层上的深层高强沥青路面。这种路面主要由高质量的沥青混凝土磨耗层、沥青混凝土中间层和沥青混凝土基层组成。各层材料的选择、配合比的设计以及性能试验根据每层各自的破坏模式和性能要求分别设定。与传统沥青路面相比，增厚了的沥青混凝土面层可以使结构层层底拉应变低于疲劳极限应变，防止疲劳开裂的发生。发展长寿命路面不仅可以应对新时期重载交通条件的要求，而且大大减少了结构性修复和重建所消耗的巨大费用和资源，可以持久提供优良的路用性能，是一种符合可持续发展要求的新型路面结构。

2.发展新型路面材料

新时期下，道路工程的发展应从过去注重考虑道路的结构性能逐渐转向考虑道路所能提供的长期功能性能。随着社会的发展，人们对道路功能性能的要求越来越高，开发符合可持续发展、节能环保和优良路用性能的新型路面材料

（如防滑降噪路面材料、温拌沥青混凝土、纤维加强沥青混凝土等）应是未来道路工程发展的主要趋势之一。

我国高等级公路逐渐进入运营中末期，表面抗滑功能大幅度降低，尤其是在雨雪天气时，路面抗滑能力不足将带来严重的交通威胁。因此，如何提高路表抗滑能力，提高、保持面层构造深度引起了人们的重视。此外，随着环保意识的逐渐增强，如何降低路面的噪声污染同样得到了广泛关注。目前研究的抗滑降噪路面主要分为超薄沥青路面和开级配沥青混凝土路面（OGFC）。超薄沥青面层的厚度为 2～2.5 cm，由于厚度薄，混合料级配中的最大粒径都比较小，相同面积下表面的纹理多，可提高路面的抗滑能力，且可反射更多的噪声，降噪效果明显。但超薄沥青路面太薄，若采用传统热拌热铺方法，沥青混合料很快就会冷却，不利于混合料的压实，可考虑采用温拌技术降低铺筑温度。超薄沥青路面层间的黏结也需考虑。与传统沥青混合料相比，开级配沥青混合料的构造深度大，抗滑能力强，空隙率较大，可吸收更多噪声，减少噪声污染，达到防滑降噪的目的，但应考虑耐久性问题。

温拌沥青混合料是一种拌和及摊铺温度介于热拌沥青混合料和冷拌沥青混合料之间，达到热拌沥青混合料性能的新型节能环保沥青混合料。它的原理就是通过一定的技术措施来降低沥青的高温黏度，使其能在相对较低的温度下裹覆在矿料上，从而使沥青能在相对较低的温度下进行拌和与摊铺，同时使混合料性能达到热拌沥青混合料性能。由于拌和及施工温度的降低，温拌沥青混合料具有减少有害气体和温室气体排放、减少能源消耗等、优点。这种低碳、节能环保的新材料在城市道路、长隧道路面、超薄沥青路面等方面具有广阔的应用前景。室内实验和试验路铺筑表明，温拌沥青路面的性能可以达到热拌沥青路面性能，但对于它的长期使用性能仍需关注。

现代交通对沥青路面提出了越来越高的要求，在沥青混凝土中加入纤维以改善沥青路面的性能得到了越来越多人的关注。纤维可以吸附及稳定沥青，使沥青的黏稠度和黏聚力增大。同时，纤维在沥青混凝土中纵横交错的分布和加筋作用，使纤维沥青混合料的整体性、抗剪性及抗车辙能力增强，路用性能得以改善。

3.发展养护新技术

在今后一段时期内，我国高速公路的发展趋势将由以建设为主逐渐转变为建设与养护并重。传统的养护技术已不能满足新时期的发展要求，而预防性养护技术是一种可以延迟路面损坏、改善路面现有通车条件、延长路面使用寿命的先进养护技术。但预防性养护决策时机的确定问题直接制约了这种先进技术的应用。要想确定养护决策时机，就要进行准确的道路状况检测评定。目前评定道路状况的方法仍以人工打分等传统的评定方法为主，人的影响太大，过于主观，往往不够准确。随着激光、超声波等技术的发展，新型道路检测设备应用越来越普遍，这些新型检测设备可以快速、准确地检测评定路面结构性能状况，为预防性养护提供科学的养护时间评判依据。

二、道路的特点及功能

（一）道路的特点

近百年来，汽车运输能迅速发展，与道路及其运输所具有的一系列特点是分不开的。与其他交通运输设施相比，道路具有以下基本属性及经济特征。

1.道路的基本属性

道路建设与道路运输是物质生产，因而它必然具有物质生产的基本属性，即有生产资料、劳动手段和劳动力以及作为物质产品而存在的道路。同时，道路又有其特有的基本属性。

（1）公益性。道路分布广、涉及面宽，能使全社会受益，同时也受到社会各方面的关注和支持。特别是近年来，道路运输在促进社会商品经济发展方面发挥了巨大的作用，使得道路建设受到社会更多的关注与重视。

（2）商品性。道路建设是物质生产，而道路是产品，必然具备商品的基本属性，它既具有商品价值，又具有使用价值。这一属性是目前发展商品化道路（又称收费道路）的基本依据。

（3）超前性。道路的超前性主要是指道路的先行作用。道路是为国民经济和社会发展服务的，作为国家联结工农业生产的链条和经济腾飞的跑道，其发展速度应高于其他部门的发展速度。这就是通常所说的"先行官"作用。

（4）储备性。道路运输是资金密集型和技术密集型产业，属于国家基本建设项目，道路的建设不仅要满足其现行通行能力的要求，还要考虑今后一段时间内通行能力增长的要求，即要有一定的储备能力。这就要求道路建设之前，必须有统一的规划、可行性论证、周密的经济和交通调查、交通预测以及精心设计等工作，以满足远景发展的需要。

2.道路的经济特征

道路作为一种特殊的物质产品，它还具有以下经济特征：

（1）道路产品是固定在广阔地域上的线形建筑物，不能移动。这不同于一般的工业生产和建筑业。工业生产一般是生产设备固定，而产品从原材料到成品在生产过程中流动，道路却与此相反。建筑业虽然也是这样，但其产品分布在各点上，而不是线形工程。因此，道路建设的流动空间更大，工作地点更不固定，受社会和自然环境影响更大，具有更强的专业性。

（2）道路的生产周期和使用周期长。通常，建成一条上百千米的道路要花两三年的时间，高等级道路更长，在实施过程中需耗用大量的人力、物力和财力。投入使用后一般使用年限为 10～20 年。在使用过程中还需进行经常性的养护、维修和管理。

（3）道路虽是物质产品，但不具有商品的形式。在商品经济中，一般的产品都采取商品交换形式。而道路建成后，不能作为商品出售，也不存在等价交换的买卖形式，只提供给社会使用，其投资费用以收费形式来补偿。

（4）道路具有特殊的消费过程和消费方式。一般的商品生产与消费在时间和空间上都是分离的，即商品必须在成型后才能被运送到市场进行交换和消费。而道路则可边建设、边使用，并在使用过程中边养护、边维修、边改造。

生产与消费不可分割，在时间和空间上是重复的。道路在消费形式上不是一次性的，而是多次的。这就对道路的质量提出了特别高的要求，以确保车辆行驶的安全、快速和舒适。

（5）道路通常作为一个完整的系统发挥作用，为社会和经济服务。一条道路是由路线、路基、路面、桥涵、隧道等组成的完整的系统，而一个区域的道路网则是由许多条道路组成的一个有机的网络系统，这个系统又称为交通运输系统中的一个子系统，这就要求各条道路的修建统筹规划、相互协调、密切配合，从整体的角度为社会和经济服务。另外，道路运输与其他运输相比，也存在一些缺点，如运量小、运输成本高、油耗和环境污染较大等。

（二）道路的功能

1.公路的功能

（1）主要承担中、短途运输任务（短途运输为 50 km 以内，中途运输为 50～200 km）。

（2）补充和衔接其他运输方式，担任大运量（如火车及轮船）的集散运输任务。

（3）在特殊条件下，也可独立担负长途运输任务。特别是随着高速公路的发展，中、长途运输的任务将逐渐增多。

2.城市道路的功能

（1）联系城市各部分，为城市各种交通服务，并承担城市对外交通中转集散任务。

（2）构成城市结构布局的骨架，确定城市的格局。

（3）为防空、防火、防地震以及绿化提供场地。

（4）是城市铺设各种公用设施的主要通道。

（5）具有通风效果，有助于城市中空气的循环和流动，在一定程度上改善城市生活环境。

（6）划分街区，组织沿街建筑，展现城市建设风貌。

三、道路的分级与技术标准

根据道路的不同功能，中国的车行道路一般分为公路与城市道路。城市总体规划区以内的以车辆通行为主的道路为城市道路，城市总体规划区以外的道路为公路。

（一）公路的分级与技术标准

1.公路的分级

按照交通运输部颁布的《公路工程技术标准》（JTG B01—2014），公路分为高速公路、一级公路、二级公路、三级公路及四级公路等五个技术等级。

（1）高速公路为专供汽车分方向、分车道行驶，全部控制出入的多车道公路。高速公路的年平均日设计交通量宜在 15 000 辆小客车以上。

（2）一级公路为供汽车分方向、分车道行驶，可根据需要控制出入的多车道公路。一级公路的年平均日设计交通量宜在 15 000 辆小客车以上。

（3）二级公路为供汽车行驶的双车道公路。二级公路的年平均日设计交通量宜为 5 000～15 000 辆小客车。

（4）三级公路为供汽车、非汽车交通混合行驶的双车道公路。三级公路的年平均日设计交通量宜为 2 000～6 000 辆小客车。

（5）四级公路为供汽车、非汽车交通混合行驶的双车道或单车道公路。双车道四级公路年平均日设计交通量宜在 2 000 辆小客车以下；单车道四级公路年平均日设计交通量宜在 400 辆小客车以下。

2.公路技术等级选用原则

（1）公路技术等级选用应根据路网规划、公路功能，并结合交通量论证确定。

（2）主要干线公路应选用高速公路。

（3）次要干线公路应选用二级及二级以上公路。

（4）主要集散公路宜选用一、二级公路。

（5）次要集散公路宜选用二、三级公路。

（6）支线公路宜选用三、四级公路。

3.公路的交通量设计

高速公路和一级公路设计交通量预测年限为 20 年；二、三级公路设计交通量预测年限为 15 年；四级公路可根据实际情况确定。设计交通量预测年限的起算年为该项目可行性研究报告中的计划通车年。

交通量换算采用小客车为标准车型。各汽车代表车型及车辆折算系数规定如表 1-1 所示。

表 1-1　各汽车代表车型及车辆折算系数

汽车代表车型	车辆折算系数	说明
小客车	1.0	座位≤19 座的客车和载质量≤2 t 的货车
中型车	1.5	座位>19 座的客车和载质量≤7 t 的货车
大型车	2.5	7 t<载质量≤20 t 的货车
汽车列车	4.0	载质量>20 t 的货车

拖拉机利非机动车等交通量换算应符合下列规定：

（1）畜力车、人力车、自行车等非机动车按路侧干扰因素计。

（2）公路上行驶的拖拉机每辆折算为 4 辆小客车。

（3）公路通行能力分析所要求的车辆折算系数应针对路段、交叉口等形式，按不同的地形条件和交通需求，采用相应的折算系数。

公路设计小时交通量宜采用年第 30 位小时交通量，也可根据项目特点与需求，在当地年第 20～40 位小时交通量之间取值。

（二）城市道路的分级与技术标准

1.城市道路的分级

根据住房和城乡建设部颁布的《城市道路工程设计规范》（CJJ 37—2012），城市道路应按道路在道路网中的地位、交通功能以及对沿线的服务功能等，分为快速路、主干路、次干路和支路四个等级，并应符合下列规定：

（1）快速路应中央分隔、全部控制出入、控制出入口间距及形式，应实现交通连续通行，单向设置不应少于两条车道，并应设有配套的交通安全与管理设施。快速路两侧不应设置吸引大量车流、人流的公共建筑物的出入口。

（2）主干路应连接城市各主要分区，应以交通功能为主。主干路两侧不宜设置吸引大量车流、人流的公共建筑物的出入口。

（3）次干路应与主干路结合组成干路网，应以集散交通的功能为主，兼有服务功能。

（4）支路宜与次干路和居住区、工业区、交通设施等内部道路相连接，应解决局部地区交通，以服务功能为主。在规划阶段确定道路等级后，当遇特殊情况需变更级别时，应进行技术经济论证，并报规划审批部门批准。当道路为货运、防洪、消防、旅游等专用道路使用时，除应满足相应道路等级的技术要求外，还应满足专用道路及通行车辆的特殊要求。道路应做好总体设计，并应处理好与公路以及不同等级道路之间的衔接过渡。

2.城市道路的设计速度

各级城市道路的设计速度如表1-2所示。

表1-2　各级城市道路的设计速度

道路等级	快速路			主干路			次干路			支路		
设计速度/（km/h）	100	80	60	60	50	40	50	40	30	40	30	20

快速路和主干路的辅路的设计速度宜为主路的0.4～0.6倍。在立体交叉范

围内，主路的设计速度应与路段一致，匝道及集散车道的设计速度宜为主路的 0.4～0.7 倍。平面交叉口内的设计速度宜为路段的 0.5～0.7 倍。

3.城市道路的设计使用年限

城市道路交通量达到饱和状态时的道路设计使用年限：快速路、主干路应为 20 年；次干路应为 15 年；支路宜为 10～15 年。

各种类型路面结构的城市道路的设计使用年限如表 1-3 所示。

表 1-3　城市道路的设计使用年限

道路等级	路面结构类型		
	沥青路面	水泥混凝土路面	砌块路面
快速路	15	30	—
主干路	15	30	—
次干路	15	20	—
支路	10	20	10（20）

注：砌块路面采用混凝土预制块时，设计使用年限为 10 年；采用石材时，设计使用年限为 20 年。

四、道路工程的主要内容

1.道路网规划和路线勘测设计

道路网规划应考虑各种交通运输综合功能的协调发展，以及路网布局的完善。路线勘测设计则应根据国家制定的分级管理和技术指标，选定技术经济最优化的路线，对平、纵、横三个面进行综合设计，力争平面短捷舒顺、纵坡平缓均匀、横断面稳定经济，以缩短行车时间、提高汽车周转率。要对路基、路面、桥梁、隧道、排水等构造物进行精心设计，在保证质量的条件下降低施工、养护、运营和交通管理等费用。

2.路基工程

路基既是路线的主体，又是路面的基础，并与路面共同承受车辆荷载。路基按其断面的填挖情况分为路堤式、路堑式、半填半挖式三类。路肩是路面两侧、路基边缘以内地带，用以支护路面，或供临时停靠车辆及步行的行人使用。路基土石方工程按开挖的难易分为土方工程（松土、普通土、硬土三级）与石方工程（软石、次坚石、坚石三级）。

（1）路基工程在道路建设中工程量大、占地广，常为控制施工进度的关键，故要求：

①尽可能与沿线农田水利建设相结合并力争节约用地。

②按照标准设计，严格控制施工质量，保证路基具有足够的强度和稳定性。

③搞好排水和防护加固工程，沿河路基应注意不被洪水淹没冲毁。

④填方工程应慎选土质并分层夯实，对其密实度和含水量进行现场控制。

⑤冰冻地区还应设置防冻层或设置隔水层和隔温层，切断毛细水，减少负温差的不利影响。

⑥当路线通过悬崖峭壁时，应修建悬出路台或半山桥，陡峻山坡则要修筑挡墙、石砌护坡或护脚等工程，以保证路基和山体的稳定。

⑦当路线不能避让，必须通过特殊或不良地质、水文的地区或路段时，路基工程应针对其具体情况和特征，采取防治措施，以保证路基、路面和其他构筑物的稳固及交通安全。

（2）沿路基可修筑以下防护设施：

①路基坡面防护。铺种草皮、植树、抹面、灌浆沟缝、砌石护坡和护面墙等。

②冲刷防护。有直接防护作用的构筑物有抛石防护、石笼防护、梢料防护、驳岸、浸水挡墙等；有间接防护作用的调治构筑物有丁坝、顺水坝、格坝等。

③支挡构筑物。这类防护设施主要包括挡土墙等构筑物。

3.路面工程

路面工程是指为适应行车作用和自然因素的影响，在路基上行车道范围内，用各种筑路材料修筑多层次的坚固、稳定、平整和一定粗糙度的路面。其构造一般由面层、基层（承重层）、垫层组成，表面应做成路拱，以利排水。

路面按其使用特性分为四级：①高级路面；②次高级路面；③中级路面；④低级路面。

按在荷载作用下的力学特性，路面可分为刚性路面（水泥混凝土路面）和柔性路面（沥青路面、碎石路面、级配路面）。

4.道路排水工程

水的作用是造成路基、路面和沿线构筑物病害和冲毁的主因。根据来源不同，水分为地表水和地下水。地表水若沿道路表面流，有可能渗入路基土内，使路基湿软，降低土基强度和路面承载力，严重时可引起翻浆或边坡滑坍，导致交通中断。排水工程要与水利灌溉相配合，兼顾地面排水和地下排水，将路基路面排水与桥涵工程相结合。总的要求是：查明情况，全面考虑，因地制宜，就地取材，防重于治，经济适用，多种措施，综合治理，构成一个统一的排水系统。

地面排水设施一般有：边沟、截水沟、排水沟、跌水、急流槽、倒虹吸管和渡槽等。地下水排除一般以导流为主，主要设施有暗沟、渗井、渗沟。

5.桥涵工程

若道路跨越河流沟谷，则应建涵洞、桥梁或渡口等构筑物。过水构筑物有漫水桥、过水路面、渗水路堤等。当交通量不大而又受到经费等条件限制时，可暂缓建桥，先修渡口工程（如轮渡），待交通量增长条件具备时，再改渡建桥。要结合当地的地形、地质、水文等条件，行车及外力等荷载，建桥涵的目的要求等，就地取材，选择合适的桥涵形式，使桥涵坚固、适用、安全、经济、美观。

6.隧道工程

在地面以下开挖的供汽车通行的构筑物称为隧道。隧道按所经地区情况可分为：

（1）避免地面干扰建在城市地下的城市隧道。

（2）有利于航运和国防在河流或海峡底下的水底隧道。

（3）降低越岭高程，或避绕山嘴，取消急弯陡坡，改善线形以缩短行程节约行车时间和油耗的；或避让表面不稳定山坡和水文地质不良地段，改由稳定岩石较深部位通过的山岭隧道。

在修建隧道前，要明确工程造价、施工条件及竣工后运营和养护条件，与其他路线方案进行详细的技术经济比较，再作出决定。隧道内部必须设置通风和照明设备。隧道周边一般均需修筑衬砌加以支撑，在坚实又不易风化的整体岩层中也可不做衬砌。为防止表面岩石风化，可喷水泥砂浆。近年来，修建隧道多采用喷锚支护，其施工简便造价低，正日益推广。

7.附属设施工程

（1）安全防护设施。如保证夜间车辆和行人交通安全的照明设施，指导行车的交通标志号志、路面标线，防护用的护栏、护墙、护柱，沙漠地区的防沙栅栏，多雪地区的防雪走廊。

（2）改善环境设施。重点是绿化，可稳定路基、防治污染、美化路容，其他如减少噪声干扰的隔音墙等。

（3）养护管理设施。如养路道班房、巡逻管理站等。

（4）路旁服务设施。如休息区、停车场、电话亭及旅游服务设施等。

8.养护工程

养护工程主要用于维护道路完好状况，预防和及时修复各种缺陷损坏，提供并保证安全、快速、经济、舒适的行车条件，有计划地改善道路技术状况，以适应交通发展需要。各国多采用有训练和装备的养路道班和工程队组织完成养护工程任务。养护工程按其工作性质和任务分为：

（1）小修保养。对道路及其一切设施进行预防事故和维修较小损坏部分。重点是排水和路面，冬季防冰雪，雨天防滑溜。

（2）大中修工程。对道路及其设备进行较大的修复，或在原有技术等级内的添建和局部改建。

（3）改善工程。分期分段改善道路的技术条件或进行局部改建，能显著提高通行能力，如改进线形视距，拓宽路基、提高路面等级、改建桥涵等。

五、道路工程施工技术的特点与发展趋势

就目前来看，交通网络体系日渐繁杂，公路道路工程在推进城市发展进程中的重要作用更加显著。公路道路工程肩负着缓解城市交通压力、搭建各地区物流贸易通道的基础职责，如在工程施工期间出现较多的质量问题与安全事故，将会造成无法预计的巨大损失。因此，为从根本上提升公路道路工程建设水平，需要认识施工技术特征，不断完善施工技术管控内容，确保工程能够始终趋向于高质平稳方向建设。

（一）道路工程施工技术的特点

1.施工流动性强

由于道路工程的施工线路长、涉及范围广，同一地区的施工任务分布并不均匀，剩余材料移动较为困难，因此在工程设计施工过程中，需要重点关注施工工序、施工线路、施工方位的调整，避免因施工位置改变导致各类资源移动性难度进一步提升，切实增强公路道路工程施工管控水平。

2.受技术水平及经济条件制约

在道路工程建设过程中，需要确保执行的施工方案具有较高的经济适用性与技术可行性，切实增强工程建设全过程的综合效益。经过实际调查研究发现，在公路道路工程建设期间，经常会受到技术水平、经济条件等因素制约，在实际施工过程中还需要重点考虑周边地质环境，重点管控施工材料、资金投入与施工规模。

（二）道路工程施工技术管理措施

1.重点发展工程检测技术

由于大部分道路工程运行时间较长，难免会出现各类病害问题，因此需要重点发展工程检测技术，确保后期工程病害监测工作能够有效开展。

在公路道路工程病害不影响交通正常运行的情况下，可以通过无损检测方式对路面进行全面检测，发现路基路面结构内部缺陷问题；在工程病害面积较大的情况下，应当首先使用无损检测技术，保障路面结构完整。由于部分施工变化问题的诱因复杂，因此还需配合使用破坏性检测技术，保障检测结果全面可靠。

例如，在网状裂缝检测过程中，由于网状裂缝受周边环境荷载作用影响较大，发生的范围广，需要配合使用相应的破坏性检测方式，如钻芯取样法。在发现导致网状裂缝问题的原因后，要针对这些原因，制定出专项解决方案，增强公路路面路基后期应用效果。

2.优化工程施工方案

为确保公路道路施工水平符合设计标准，相关管理部门需加强施工环节的控制力度，使各施工环节与施工技术能够严格遵守设计要求，从根本上提升施工的规范性与有序性，并结合公路道路工程施工现场特征，对施工方案进行动态监管。举例而言，当在现场勘查过程中发现地下铺设重要管道时，要积极与当地市政部门联系，在制定施工方案时，应以保护管道安全及完整性为目标。

3.加强工程施工管理力度

为避免各类不稳定因素对公路道路工程施工技术应用效果造成不利影响，还需要在原有基础上加强施工管理力度。道路工程项目在实施过程中会涉及多种施工材料，而施工材料的质量水平可直接影响工程建设情况。为切实提升工程项目施工质量与施工效率，应做好材料质量控制工作，注重对材料的考察与审核。

具体而言，即深入材料货源选定、现场配置与使用等环节，确保材料质量监管工作协调统一。要求材料质量能够通过严格的试验检测，材料质量符合实际设计要求。

在施工材料采购期间，需要明确建设项目对施工材料型号、规格等参数提出的各项要求，从根本上保证施工材料的适用性与经济性。严格把控施工材料入厂关口，要求监理方、建设方共同参与材料质检环节。做好材料进场前的验收与审核工作，防止不合格材料进入施工现场，对建设项目整体实施水平造成不利影响。

有效应用施工设备对提升工程施工质量与效率具有重要的意义。为做好工程项目施工质量工作，相关工作人员需对机械设备的稳定性以及设备安装过程进行严格的质量监管，要求设备操作人员持证上岗，避免因操作失误导致设备故障。

4.做好施工现场安全管理工作

道路工程现场施工管理需严格遵守安全第一的原则，确保工程各个施工环节均能够符合安全管理要求，将工程事故发生概率控制在一定范围之内。为从根本上提升工程安全管理工作的可行性，需要配合开展更为严格的安全识别、评估工作，结合工程施工期间的具体要求，对施工安全管控方案进行进一步的完善。

要切实提升施工人员的专业水平，培养高素质施工团队，尽量减少核心技术人才流失量，保障施工现场人力资源合理分配。注重开展现场安全教育培训工作，组织工程各参与人员定期排查工程存在的安全隐患，确保施工人员能够积极配合工程现场安全管控工作。可以设立适当的奖惩机制，给予高质高效完成施工作业任务的团队一定的物质奖励，加大违规作业行为惩戒力度。

（三）道路工程施工技术未来发展趋势

1.动态信息管理

要满足道路工程信息化、智能化发展需求，运用信息系统对道路工程安全管理现状进行综合评估，并梳理企业安全管理规程及标准，确保施工动态信息管理体系能够在合理调配及使用资源中发挥出重要作用。

在道路工程施工动态信息管理工作中，相关工作人员还应整理好道路工程档案及资料，在原有的安全管理系统的基础上配合使用先进的互联网与电子屏等电子技术，建立多元化移动端，使管理部门能够快速查询到各类设备运行数据，记录下生产过程中的安全问题，制定可行的解决方案，使道路工程施工能够得到全时段、全过程的安全管控。

2.协调性管理

要结合道路工程施工特征，建立可行的协调组织机制，保障工程各个子系统之间的信息及物质高效交换，更好地处理个人与组织之间的关系，保证施工资源与技术供求工作能够紧密结合。在建立各部门协调组织机制的过程中，还可配合使用大数据管理技术，建立质量监管信息传输平台，要求相关管理单位秉承公平公正原则，以维护工程各参与部门核心利益为目标，及时解决工程施工阶段存在的各类质量问题，营造出更加和谐积极的施工氛围，防止工程施工现场出现利益冲突或施工工序重复等问题。

总而言之，当前道路工程数量增多、建设体系更为完善，为从根本上保障道路工程建设水平，维护工程建设期间的综合效益，需要切实把控施工期间的质量与效率。应结合工程建设期间的地质环境特征，优化施工技术内容，积极引进更为先进的施工技术与管控理念，切实降低工程施工期间质量问题出现的概率及安全事故发生的概率。

第二节　路基与路面

一、路基

（一）路基的内涵

路基是轨道或者路面的基础，是经过开挖或填筑而形成的土工构筑物。路基的主要作用是为轨道或者路面铺设及列车或行车运营提供必要条件，并承受轨道及机车车辆或者路面及交通荷载的静荷载和动荷载，同时将荷载向地基深处传递与扩散。在纵断面上，路基必须保证线路需要的高程；在平面上，路基与桥梁、隧道连接，组成完整贯通的线路。在土木工程中，路基在施工数量、占地面积及投资方面都占有重要地位。

路基是通过填筑或开挖而形成的直接支承轨道的结构，也叫作线路下部结构。路基与桥梁、隧道相连，共同构成线路。路基依其所处的地形条件不同，有两种基本形式：路堤和路堑（俗称填方和挖方）。铁路路基的作用是在路基面上直接铺设轨道结构，因此路基是轨道的基础。路基既承受轨道结构的重量，即静荷载，又承受列车行驶时通过轨道传递而来的动荷载。路基同轨道一起构成的线路结构是一种相对松散连结的结构形式，抵抗动荷载的能力弱。建造路基的材料主要是土石类散体材料，所以路基是一种土工结构，经常受到地质、水、降雨、气候、地震等自然条件变化的影响，抵抗能力差。因此，路基应具有足够的坚固性、稳定性和耐久性。对于高速铁路，路基还应有合理的刚度，以保障列车高速行驶中的平稳性和舒适性。

（二）路基的构造

路基主要包括下面几个部分：

1.本体

路基本体包括用天然土、石所填筑的路堤和在天然地层中挖出的路堑。它直接支撑轨道，承受通过轨道的列车荷载，是路基的主体。路基本体根据地质条件和填筑材料的不同，又可分为路堤、路堑、半路堤、半路堑、半堤半堑、不填不挖路基六种基本形式。

2.排水

（1）地面排水设备：用来将有可能停滞在路基范围以内的地面水迅速排除到路基以外，并防止路基以外的地面水流入路基范围内下渗，浸湿路基土体，或形成漫流，冲刷路基边坡，如侧沟、排水沟、天沟等。

（2）地下排水设备：根据水文和地质条件修筑于地面以下一定深度，用来截断、疏干、引出地下水或降低地下水位，以使路基及边坡保持干燥状态，提高土的稳固能力，如排水槽、渗水暗沟、渗井等。

3.防护

（1）坡面防护设备：用来防护易受自然作用破坏而出现坡面变形的土质边坡，如铺草皮、喷浆、抹面、护墙、护坡以及为防护崩塌落实而修建的拦截和遮挡建筑物，如明洞、棚洞。

（2）冲刷防护设备：用来防护水流或波浪对路基的冲刷和淘刷，如铺草皮、抛石、石笼、圬工护坡、挡土墙、顺坝、挑水坝等。

（3）支撑加固设备：用来支撑加固路基本体，以保证其稳固性，如挡土墙、支挡墙、支柱等。

（4）防沙、防雪设施：用来防止风沙、风雪流掩埋路基，如各种栅栏、防护林等。

4.路堤

路堤是指全部用岩土填筑而成的路基。

路堤的几种常见横断面形式：

（1）矮路堤，填土高度低于 1.0～1.5 m。

（2）高路堤，填土高度大于 18 m（土质）或 20 m（石质）。

（3）一般路堤，填土高度介于矮路堤和高路堤之间。

（4）浸水路堤。

（5）护脚路堤。

（6）挖沟填筑路堤。

5.路堑

路堑是指全部在原地面开挖而成的路基。

路堑横断面的几种基本形式：全挖式路基、台口式路基、半山洞式路基。

（三）路基的类型

1.一般路基干湿类型

路基的干湿类型表示路基在最不利季节的干湿状态,可划分为干燥、中湿、潮湿和过湿四类。原有公路路基土的干湿类型,可以根据路基的分界相对含水量或分界稠度划分。新建公路路基的干湿类型,可用路基临界高度来判别。高速公路应使路基处于干燥或中湿状态。

2.特殊路基类型

（1）软土地区路基。以饱水的软弱黏土沉积为主的地区称为软土地区。软土包括饱水的软弱黏土和淤泥。在软土地基上修建公路时,容易产生路堤失稳或沉降过大等问题。我国沿海、沿湖、沿河地带都有广泛的软土分布。

（2）滑坡地段路基。滑坡是指在一定的地形地质条件下,由于各种自然的和人为的因素影响,山坡的不稳定土（岩）体在重力作用下,沿着一定的软弱面（带）做整体、缓慢、间歇性的滑动变形的现象。滑坡有时也具有急剧下滑现象。

（3）岩坍与岩堆地段路基。岩坍是岩崩与岩塌的统称,包括错落、坍塌、落石、危岩。岩堆则是陡峻山坡上岩体崩塌物质经重力搬运在山坡脚或平缓山坡上堆积的松散堆积体。

（4）泥石流地区路基。泥石流是指地区由于地形陡峻,松散堆积物丰富,特大暴雨或大量冰融水流出时,突然爆发的包含大量泥沙、石块的洪流。有时每年发生,有时多年发生一次,危害程度也不一样。

（5）岩溶地区地基。岩溶是石灰岩等可溶性岩层,在流水的长期溶解和剥蚀作用下,产生特殊的地貌形态和水文地质现象的统称。岩溶对地基的危害一般为:溶洞顶板坍塌引起的路基下沉和破坏;岩溶地面坍塌对路基稳定性的破坏;反复泉与间歇泉浸泡路基基底,引起路基沉陷、坍塌或冒浆;突然性的地下涌水冲毁路基等。可溶性碳酸盐类岩石主要集中在我国华南和西南地区,其次是长江中、下游的华中地区。

（6）多年冻土地区路基。凡是土温等于或低于 0 ℃，且含有冰的土（石）称为冻土，这种状态持续三年或三年以上者，称为多年冻土。冻土主要集中于我国东北大、小兴安岭和青藏高原。

（7）黄土地区路基。黄土是一种以粉粒为主，多孔隙，天然含水量小，呈黄红色，含钙质的黏土。黄土广泛分布于黄河中游的河南西部，山西、陕西和甘肃的大部分地区，以及青海、宁夏、内蒙古部分地区。黄土的湿陷性是在外荷载或自重的作用下受水浸湿后产生的湿陷变形。

（8）膨胀土地区路基。膨胀土系指土中含有较多的黏粒及其他亲水性较强的蒙脱石或伊利石等黏土矿物成分，且有遇水膨胀、失水收缩的特点，是一种特殊结构的黏质土。膨胀土多分布于我国各种二级及二级以上的阶地与山前丘陵地区。

（9）盐渍土地区路基。盐渍土中氯盐、硫酸盐遇水易溶解，可形成雨沟、洞穴、湿陷等病害，冬季冻胀、盐胀形成鼓包、开裂，夏季溶蚀、翻浆。盐渍土在我国分布较广，新疆、青海、甘肃、内蒙古、宁夏等省区分布较多。

（10）沙漠地区路基。沙漠地区气候干燥，降水少、温差大，冷热变化剧烈，风大沙多，土中易溶盐多，植被稀疏、低矮。我国新疆、青海、甘肃、内蒙古、宁夏、陕西等省区分布有大面积的沙漠与沙地。

（11）雪害地段路基。公路雪害有积雪和雪崩两种主要形式。积雪包括自然降雪和风吹雪。自然降雪一般不致对公路造成严重危害。风吹雪可阻断交通，埋没车辆，主要发生在我国东北地区、青藏高原及新疆等地。

（12）涎流冰地段路基。涎流冰分山坡涎流冰和河谷涎流冰，主要分布在寒冷地区和高寒地区。山坡涎流冰由山坡或路基挖方边坡出露的地下水冻结形成。河谷涎流冰由沿沟谷漫流的泉水和冻雪融水冻结形成。

（四）路基的设计要点

1.一般设计要点

一般填方路段填表土 0.5～1.0 m，其中耕植土路段暂定为 0.8 m，房杂地路段清建筑垃圾暂定 1 m（具体清表及清建筑垃圾厚度以施工时实际计量为准，原则为清除植物根系及房屋基础、建筑垃圾，以便土基压实，达到规范及设计图纸要求的压实度标准）；水田路段清除表土（或淤泥）后换填毛渣石；其他路段回填素土压实。清表土应结合附近地形进行集中放置，用作道路绿化带及边坡绿化填土使用。

为了满足主路重载车标准，提高路基的压实度及回弹模量，将一段填方路段路的主路上路床 0.3 m 范围换填 4%生石灰土，一般填方路段主路上路床换填 15 cm 未筛分碎石。

一般填方路基，边坡坡率采用 1∶1.5。当地面横坡大于 1∶5 时，填方路基应挖成宽度不小于 2 m 的台阶，并设 4%内向横坡。挖方路段边坡坡率采用 1∶1.5。

2.特殊设计要点

（1）若道路沿线地势高低起伏，对于填方高度小于 1.5 m 的低填路段及挖方高度小于 0.8 m 的浅挖路段，则应考虑从原地面挖至路床底，即路槽以下 0.8 m 范围内换填 4%生石灰土，之后再施工路面结构部分。

（2）若沿线局部路段有 0.4～3.5 m 深的素填土，则应根据素填土的厚度采取相应的措施。由于素填土结构疏散、堆积年限短，当素填土厚度≤0.8 m 时，应清除素填土，回填合格的路基填料；当 0.8 m<素填土厚度<3.5 m 时，在清除耕植土后，应翻挖原装素填土，掺 6%生石灰回填压实。

（3）当路基占用水塘面积较大，路基范围外水塘面积较小时，水塘宜废弃，按干塘处理，先将整个水塘抽水放干，处理范围内淤泥，然后换填 0.6～1.0 m 的厚毛渣石，再换填素土至路床顶，路基范围外侧用素土整平至塘埂。当路基占用水塘面积较小，水塘仍有保留价值时，在坡脚外侧抽水，路基内侧清淤并分层回填毛渣石至塘埂，常水位+0.5 m 以下边坡采用浆砌片石防护，施工后拆除编织袋围堰。因水塘塘埂处高差较大、坡度较陡，为避免不均匀沉降，将塘埂挖台阶处理，台阶宽度不宜小于 2 m，设 4%向内横坡，分层铺设双向土工格栅，最后在塘埂顶铺设一层双向土埂格栅。

（五）路基的防护

1.填挖方防护

本段路基以填方为主，挖方路段较少，填、挖方高度均不超过 8 m。当填方高度 $H \leqslant 3$ m 时，采用喷播植草防护；当填方高度 3 m$\leqslant H \leqslant 5$ m 时，采用三维网植草防护；当填方高度 $H > 5$ m 时，经核实均为水塘路段，采用水塘路基防护，常水位+0.5 m 以下边坡采用浆砌片石防护，常水位+0.5 m 以上边坡采用空心砖植草防护，路基施工前先设置编织袋临时围堰。挖方边坡采用喷播植草防护，路肩边缘设边沟及护坡道。

2.水塘边坡防护

该路段的雨水排放采用管道与明沟排水相结合的方式，水塘路段为蓄水景观区，边坡防护采用三维排水生态边坡防护，道路中心线设计高程 Hs-2.1 m 以上的边坡采用空心砖植草防护，中心线设计高程 Hs-2.1 m 以下的边坡采用三维排水柔性生态护坡。

3.挡土墙防护

以下穿汉鄂高速公路孙家咀大桥路段为例，由于机动车道与非机动车道的纵断面分别单独设计，辅路机动车道与非机动车道间的高差最大达 1.5 m，为了非机动车及行人的通行安全，该路段设置悬臂式挡土墙防护，并在挡土墙顶设置防护拉杆。悬臂式路肩挡土墙设置在高差大于等于 0.8 m 处，当高差小于 0.8 m 时，采用特制测石支护。悬臂式挡土墙采用 C30 钢筋水泥混凝土，特制测石采用 C30 水泥混凝土。悬臂式挡土墙底地基承载力应大于挡土墙最小基底应力，否则须采用级配碎石垫层进行换填夯实处理。挡土墙埋置深度一般为 1.0 m，沿挡土墙纵向约 10 m 设伸缩缝一道，缝宽 0.02 m，用油浸甘蔗板全断面填塞。挡土墙在距地面高 0.3 m 处沿道路纵向每隔 1.0 m 设置泄水孔，孔径 5 cm，墙背设土工布反滤层，以防泄水孔淤塞及路基填料外漏、流失。泄水孔设置不应使旁边的钢筋外露。主线及匝道段悬臂式挡土墙外表面采用石材镶面装饰，挡土墙墙顶设置防护拉杆，施工挡土墙时注意预埋防撞护栏钢筋，挡墙护栏形式与中小桥梁的人行道栏杆一致。挡土墙立面采用花岗岩装饰。

4.桥头防护

以五四湖大桥为例，其东岸处于水塘区域，填方较高，为了行人通行安全，在填方高度大于 5 m 的路段设置人行栏杆，栏杆设置于人行道外侧土路肩内，栏杆与五四湖大桥的人行道外侧栏杆一致。

二、路面

（一）路面的内涵

路面是用各种材料铺筑在路基上供车辆行驶的层状构造物。未铺筑路面的路基虽然也能行驶车辆，但抵御自然因素和车辆荷载的能力很差。天晴时尘土飞扬，雨天时泥泞不堪，表面崎岖不平，容易造成车辆颠簸、打滑，降低车辆的行车速度，甚至使车辆无法通行，油料和机件耗损严重。铺筑路面后，道路条件得到了改善，车辆能全天通行，而且是以一定的速度，安全、舒适而经济地在道路上行驶。

路面是道路的主要组成部分，它的好坏会直接影响行车的速度、安全性和运输成本。高等级公路修筑良好的路面，能够保证车辆高速、安全且舒适地行驶，还可较多地节约运输费用。

（二）路面的基本要求

路面是道路的重要组成部分。路面的好坏直接影响行车速度、运输成本及行车的安全性和舒适性。相同等级公路的沥青路面同砂石路面相比，行车速度一般可以提高 80%～200%，燃料消耗降低 15%～20%，轮胎行驶里程增加 20%，运输成本下降 18%～20%。同一类型的路面，因施工和养护质量的优劣，也会使运输效率与成本以及服务质量产生很大的差异。路面结构的费用在公路造价中所占比重很大，一般都要达到 30%左右。所以，修好路面对发挥整个公路的运输经济效益具有十分重要的意义。路面应满足下述各项基本要求：

1.具有足够的强度和刚度

行驶在路面上的车辆，通过车轮把垂直力和水平力传给路面，水平力又分纵向和横向两种。此外，路面还受到车辆的振动力和冲击力作用，在汽车身后还有真空吸力的作用。在上述外力的综合作用下，路面结构内会产生不同的压应力、拉应力和剪应力。如果路面结构整体或某一组成部分的强度不足，不能抵抗这些应力的作用，路面就会出现磨损、开裂、坑槽、沉陷和波浪等病害，从而影响公路的使用质量。因此，路面结构整体及各组成部分必须具有足够的强度以抵抗行车荷载的作用，避免路面产生过大的变形与破坏。

刚度是指路面抵抗变形的能力，具体来说就是指路面结构整体或某一组成部分抵抗变形的能力。强度和刚度是两个不同的力学特性，二者有联系，又有区别。强度大的路面，其刚度也大，但同样强度的路面，其刚度也可能不同。路面结构整体或某一组成部分有时虽然强度足够，但若刚度不足，在行车荷载作用下也会使路面产生变形，如波浪、车辙及沉陷等破坏现象。

2.具有足够的稳定性

路面结构裸露在大气之中，不仅要承受行车荷载的作用，还经常受到水分和温度的影响。有的路面材料较为敏感，其性能也会不断发生变化，强度和刚度不稳定。例如：沥青路面在夏季高温时会变软而产生车辙和推挤，冬季低温时又可能因收缩或变脆而产生开裂；水泥混凝土路面在高温时可能发生拱胀现象，低温时可能出现收缩裂缝，温度急剧变化时也可能出现翘曲；砂石路面在雨季时因雨水渗入路面结构而强度下降，产生沉陷、车辙等现象。因此，要求路面结构在各种气候条件下保持其强度。

3.具有足够的平整度

路面的平整度（或不平整度）通常是以试验汽车每行驶 1 km 距离，车身和后桥相对垂直位移的累计数（m）来表示。不平整的路面表面会增大行车阻力，并使车辆产生附加的振动作用。振动作用会造成行车颠簸，影响行车速度、安全性和舒适性。振动作用还会对路面施加冲击力，从而加剧路面和汽车机件的损坏与轮胎的磨耗，并增大油料的消耗。不平整的路面还会积滞雨水，加速路面的破坏。因此，路面应保持一定的平整度。公路等级越高，设计行车速度越大，对路面的平整度要求也越高。

4.具有足够的抗滑性能

汽车在光滑的路面上行驶时，车轮与路面之间缺乏足够的附着力（或摩擦阻力）。在雨天高速行车，或紧急制动或突然起动，或爬坡或转弯时，车轮易产生空转或打滑，致使行车速度降低，油料消耗增多，甚至引起严重的交通事故。因此，路面表面应具有足够的抗滑性能。

（三）路面的构造

路面结构层自上而下可分为面层、基层、垫层，有时在面层下还设有联结层。各结构层次的作用如下：

（1）面层。面层直接承受行车荷载的垂直力、水平力和冲击力作用，以及大气变化的最不利影响。

（2）基层。基层主要承受由面层传来的车辆荷载的垂直力，并把它扩散到垫层和土基中去。

（3）垫层。垫层的主要作用是改善土基的湿度和温度状况，以保证面层及基层的强度和刚度的稳定性，不致产生冻胀与翻浆的病害。

（四）路面的分级

根据路面的使用品质、材料组成类型以及结构强度和稳定性的不同，可将路面分成高级、次高级、中级、低级四个等级。

（1）高级。高级路面的面层材料为水泥混凝土、沥青混凝土、厂拌沥青碎石及整齐块石，所适用的公路等级为高速、一级及二级公路。

（2）次高级。次高级路面的面层材料为沥青贯入碎石、路拌沥青碎石、沥青表面处治及半整齐块石，所适用的公路等级为二级及三级公路。

（3）中级。中级路面的面层材料为泥结或级配碎（砾）石、水结碎石、不整齐块石及其他粒料，所适用的公路等级为四级公路。

（4）低级。低级路面的面层材料为各种粒料或当地材料改善土，如炉渣土、砾石土和砂砾石土等，所适用的公路等级为五级公路。

（五）路面的分类

1.按路面力学特性分

（1）柔性路面。柔性路面主要包括用除水泥混凝土外的基层材料、各类沥青面层、碎（砾）石面层或块石面层所组成的路面结构。柔性路面刚度小，形变模量较小，在荷载作用下产生的垂直变形（即弯沉）较大，路面结构本身抗弯拉强度较低。车辆荷载通过各结构层向下传递到土基，使土基受到较大的单位压力，因而土基的强度和稳定性对路面结构整体强度有较大的影响。

（2）刚性路面。刚性路面主要指用水泥混凝土作面层的路面结构。刚性路面的主要特点包括：面板的弹性模量及力学强度大大高于基层和地基的相应模量和强度，抗弯拉强度远小于抗压强度，约为其 $1/7\sim1/6$，断裂时的相对拉伸变形很小。

（3）半刚性路面。半刚性路面是指用石灰、水泥或其他工业废渣作结合料的稳定土或稳定粒料作基层的路面结构。这类基层完工初期具有柔软的工作特性，但是随着时间的延长，其强度逐步提高，板体性增加，刚度增大，所以称为半刚性基层。半刚性基层可以使用当地材料，成型工艺也相对比较简单，由于半刚性基层具有一系列良好的性能，因此成为我国高级道路的主要类型之一。

2.按路面材料分

（1）沥青路面。沥青路面是指在柔性基层、半刚性基层上，铺筑一定厚度的沥青混合料面层的路面结构。沥青面层分为沥青混凝土面层、沥青混合料（包括沥青混凝土混合料及沥青碎石混合料）面层、乳化沥青碎石面层、沥青贯入式面层、沥青表面处置面层等类型。

（2）水泥混凝土路面。水泥混凝土路面是指以水泥混凝土面板和基（垫）层组成的路面，又称为刚性路面。水泥混凝土路面的种类有：普通混凝土路面、钢筋混凝土路面、碾压式混凝土路面、钢（化学纤维）纤维混凝土路面、连续配筋混凝土路面等。

（3）其他路面。其他路面主要是指在柔性基层上用有一定塑性的细粒土稳定各种骨料的中低级路面。路面种类有：普通水泥混凝土预制块路面、联锁型路面砖路面、石料砌块路面、级配碎石路面及水（泥）结级配碎石路面等。

路基路面是公路的主要载体，其承载力和稳定性直接影响着整个公路的安全与稳定。公路的路基如果出现了问题，不仅会影响到交通出行，还会对人们的生命与财产安全产生严重的威胁。所以，需要加强公路工程的设计与实施质量的管理。设计人员要注重设计阶段的相关设计工作，对公路的主要病害有所了解，根据相关的设计原则与设计标准、规范进行严格的设计，从而提高路基路面排水工程的设计质量，在一定的程度上提高公路工程路基的建设水平，增加公路的使用时间，提高人们出行的安全度，使公路更好地为社会经济的发展服务。

第三节　路基路面工程的特点
与精细化管理

一、路基路面工程的特点

（一）承载能力

行驶在路面上的车辆通过车轮把荷载传给路面，由路面传给路基，在路基路面结构内部产生应力、应变及位移。如果路基路面结构整体或某一组成部分的强度或抗变形能力不足以抵抗这些应力、应变及位移，路面就会断裂，出现车辙，路基路面结构会也出现沉陷，使路况恶化，服务水平下降。因此，要求路基路面结构整体及其各组成部分都具有与停车荷载相适应的承载能力。结构承载能力包括强度与刚度两个方面。路面结构应具有足够的强度以抵抗车轮荷载引起的各个部位的各种应力，如压应力、拉应力、剪应力等，保证不发生压碎、拉断、剪切等各种破坏。路基路面整体结构或各个结构层应具有足够的刚度，在车轮荷载作用下不发生过量的变形。

（二）稳定性

在天然地表面建造的道路结构物改变了地表自然的平衡，在达到新的平衡状态之前，道路结构物处于一种暂时的不稳定状态。新建的路基路面结构袒露在大气之中，受到大气温度、降水与湿度变化的影响，结构物的物理力学性质会发生变化，处于另外一种不稳定状态。路基路面结构能够经受这种不稳定状态，而保持工程设计所要求的几何形态及物理力学性质的特性，称为路基路面结构的稳定性。在地表上开挖或填筑路基，必然会改变原地面地层结构的受力状态。原来处于稳定状态的地层结构可能由于填挖筑路而失衡,导致路基失稳。例如,在软土地层上修筑高路堤或者在岩质、土质山坡上开挖深路堑时,有可能由于软土层承载能力不足或者坡体失去支承,而出现路堤沉落或坡体坍塌破坏等情况。如果所选路线的地层不稳定,填筑或开挖路基就可能引发滑坡或坍塌等病害。因此,在选线、勘测、设计、施工中应注意采取必要的工程措施,确保路基有足够的稳定性。

降水会使路基路面结构内部的湿度状态发生变化。低洼地带路基排水不良,长期积水会使矮路堤软化,失去承载能力。山坡路基有时会因排水不良引发滑坡或边坡滑塌。水泥混凝土路面如果不能及时将水分排出结构层,会发生唧泥现象,导致结构层被破坏。沥青混凝土路面会因水分的侵蚀而出现结构层剥落、结构松散等问题。在雨季,雨水的冲刷和渗入会导致砂石路面的强度下降,产生沉陷、松散等病害。因此,防水、排水是确保路基路面稳定的重要方法。

温度周期性的变化对路面结构的稳定性也有重要影响。在高温季节,沥青路面会软化,在车轮荷载作用下产生永久性变形,水泥混凝土路面则会结构变形,产生过大的内应力。在低温季节,水泥混凝土路面、沥青路面、半刚性基层可能由于低温收缩产生大量裂缝,最终失去承载能力。在地下水源丰富的地区,低温会引起冻胀,路基上面的路面结构也将随之发生断裂。

(三) 耐久性

路基路面工程投资大,从规划、设计、施工至建成通车需要较长的时间,这样的大型工程都应有较长的使用年限。一般的道路工程使用年限至少数十年,承重并经受车辆直接碾压的路面部分要求使用年限在 20 年以上,因此路基路面工程应具有耐久的性能。在车辆荷载的反复作用与大气水温周期性的重复作用下,路面的使用性能会逐年下降,路面的强度与刚度会逐年减小,路基的稳定性也可能在长期经受自然因素的侵袭后逐年削弱。因此,提高路基路面的耐久性，保持其强度、刚度、几何形态，除了要精心设计、精心施工、精选材料，还要把长年的养护、维修、恢复路用性能的工作放在重要的位置。

（四）表面平整度

路面表面平整度是影响行车安全、行车舒适性以及运输效益的重要使用性能。特别是高速公路，对路面平整度的要求更高。不平整的路表面会增大行车阻力，并使车辆产生附加的振动响应。这种振动响应会造成行车颠簸，影响行车的速度和安全、驾驶的平稳性和乘客的舒适性。同时，振动响应还会对路面施加冲击力，从而加剧路面和汽车机械的损坏及轮胎的磨损，增加油料的消耗，不平整的路面还会积滞雨水，加速路面的破坏。因此，为了减少振动冲击力，提高行车速度，提升行车舒适性、安全性，路面应保持一定的平整度。优良的路面平整度，要依靠优良的施工装备、精细的施工工艺、严格的施工质量控制以及经常和及时的养护。同时，路面的平整度同整个路面结构和路基顶面的强度及抗变形能力有关，也同结构层所用材料的强度、抗变形能力以及均匀性有关。强度和抗变形能力差的路基路面结构和面层混合料经不起车轮荷载的反复作用，极易出现沉陷、车辙和推挤破坏。

（五）表面抗滑性能

路面表面要求平整，但不宜光滑，汽车在光滑的路面上行驶，车轮与路面之间会缺乏足够的附着力和摩擦力。雨天汽车高速行驶、紧急制动、突然起动，或爬坡、转弯时，车轮也易产生空转或打滑，致使行车速度降低，油料消耗增多，甚至引起严重的交通事故。通常用摩擦系数表征抗滑性能，摩擦系数小，则抗滑能力低，容易引起滑溜交通事故。对于高速公路、高速行车道，要求具有较高的抗滑性能。较高的抗滑能力可以通过采用坚硬、耐磨、表面粗糙的粒料修筑路面表层来实现，有时也可以通过采用一些工艺措施来实现，如水泥混凝土路面的刷毛或刻槽等。此外，路表面的积雪、浮冰或污泥等，也会降低路面的抗滑性能，必须及时予以清除。

二、路基路面工程的精细化管理

（一）路基路面工程精细化管理的主要内容

1.基础环节精细化管理

路基路面工程涉及的内容较多，必须根据实际情况科学制定施工方案，严格按照设计图纸和相关规范执行。要做好施工过程管理，加强基础环节把控。在施工材料和设备管理上，重点检查主要原材料质量，包括钢筋、混凝土、填料等，并结合施工特点和环境选择合适的施工机械设备，包括挖掘机、压路机、平地机等，完善采购流程，强化验收检验。根据以往经验和相关要求，在原材料、半成品进入现场前，做好抽检试验。在重点工序作业前，进行必要的性能测试。健全机械设备管理制度，实现定人、定机、定岗。完善相关使用、检修记录，保证机械设备始终处于良好的运行状态。

2.基底处理精细化管理

在做基底处理的时候，每个环节都要始终把质量放在首位。要根据工程所在地的地质情况，进行合理的规划。如果遇到地基土质较软的情况，要制定科学完善的施工方案，避免因土质不良给后面的施工造成不必要的影响。在进行施工之前，要了解当地的环境、温度和地质特点，以及这些因素对施工的影响。在选材方面也要认真，要严格按照国家的相关标准，选择合适的材料对路基的基底进行填充，达到施工要求，提高路基路面的稳定性。还要选用先进的技术，以保障后面施工的顺利进行。

3.路基土石方施工精细化管理

在路基工程精细化管理的过程中，要重视路基土石方施工情况，使工程填料采购质量管理更加有效。在明确路基路面施工现场具体情况的基础上，选择适应施工现场环境的填料。其中比较常用的填料为清洁干净和质地相对较为坚硬的机制碎石。要对施工路基实施严格的试验检测，符合相关要求。在土石方施工的过程中需应用分层填筑和碾压等方式，每层的厚度处于 30 cm 内。为了使每层填料的规格和大小符合相关要求，要加强对每层填料压实度和平整度的控制，不断提升路基承载力。

4.路基砌体工程精细化管理

在路基砌体施工的时候，要有效落实精细化管理相关理念，对质量缺陷问题进行有效预防，并且不断提升路基防护等级，从而逐渐增强路基稳固可靠程度。在应用砌体护坡方法时，应严格根据相关要求进行混合料配置处理，从而不断提升混合料的质量，在设计图纸的基础上实施砌体施工。同时，要充分落实精细化管理的要求，对施工工程中含有的砂浆进行搅拌和处理。在砌体外露面施工的过程中，要选取适当的石块，严格保障工程质量。

5.路基填料精细化管理

路基填料对于路基施工至关重要，填料的好坏直接关乎路基强度、硬度和持久性等。不同地区的道路性质和条件不同，工程在设计结构、特点上也会出现差异。路基填料的优劣对公路设计特点、条件、维护效率、运作层次等方面都会产生很大的影响。路基填料质量如果未能达到实际应用条件的要求，会对道路使用寿命造成很大程度的影响。但是，路基填料的质量超出规定要求，也会给施工单位带来经济压力。所以，必须依据实际工程条件选择合适的路基施工材料。

6.路基排水精细化管理

一般来说，在当地的降水量比较大以及潮湿多雨的情况下，开展排水施工工作就至关重要。尤其是在经常降雨的地区，如果地区的路基排水效果不是十分理想，会导致道路沉降段急剧恶化，甚至还会导致路基部分坍塌、沥青路面松散以及水泥混凝土路面断裂等。在实际操作环节，要对横向排水管以及盲沟进行科学、合理的设置，使其具备良好的排水效果。此外，在对路段进行加固的过程中，可以使用混凝土预制板。在施工过程中，要注意施工地点的水位情况。如果水位较高，在设计盲沟时可以采用碎石。要严格保证施工的质量，对相关的工作人员进行工作方面的协调安排，把控好施工的进度，确保整个道路工程项目能够顺利完工。

7.路面施工精细化管理

施工人员要做好路面施工，从底基层、基层、封层及面层开始，严格把控各环节施工质量，保证路面施工符合相关要求。

底基层的核心作用是防水、排水，它对基层具有一定的优化作用。在铺设过程中，要严控材料颗粒大小、含砂量，保证铺设质量。要严格依照相关施工工艺要求，重视材料配比、摊铺、碾压。

在基层施工过程中，要确保混合料具有一定的强度、稳定性，合理控制材料配合比。在沥青混凝土路面施工过程中，应重视对材料浇筑温度的有效控制，确保混凝土浇筑环境温度保持在 $5\sim35$ ℃，确保材料内部具有良好的黏结性。严格按照分层浇筑的施工要求进行作业，规范开展混凝土振捣工作，保证浇筑混凝土的密实程度。在完成混凝土浇筑工作后，应系统开展浇筑质量的检查，消除混凝土浇筑施工质量缺陷，保证项目工艺技术应用的规范性，提升项目整体的建设质量。

在水泥混凝土路面施工过程中，混凝土质量检验是保证混凝土质量的主要手段之一。混凝土质量检验的主要内容有：①把好原材料检验关、配合比设计关、计量关、混凝土搅拌时间关、坍落度及强度关，不合格的材料不准使用，计量不准的设备不准生产，不合格的混凝土不准出厂。②严格按规范规定随机取样，制作试块，出据试验报告。③及时掌握混凝土的质量动态，及时发现问题，采取措施处理，预防发生工程质量事故，使混凝土的质量处于稳定状态。④加强质量培训工作，提高操作人员的技术水平和质量意识，保证混凝土质量合格。

8.路面其他部位施工精细化管理

在对路面其他部位进行施工精细化管理的过程中，也需要对雨水井和检查井等的质量进行有效控制，和路面施工交叉实施，使其高程和路面高程相持平，和路缘石之间保持平行。在路面施工时,需要对人行道面砖质量进行有效控制,从而充分落实精细化管理理念。

在路基路面施工的时候充分落实精细化管理理念,不仅能够推动施工管理得以创新发展,也能对现场施工进行有效规范和约束处理,从而有效预防工程安全事故的发生,提高工程质量和效益。

9.碾压速度、厚度及遍数控制

首先,在开展碾压前,相关的工作人员要对填充土层的厚度进行分析,避免碾压后产生起皮剥离或者地基压实强度过大等现象,还要根据实际的标准选择适宜的厚度、遍数以及速度等,由此确保整个建设施工的有效性。

其次,相关的施工人员要对碾压的设备参数及具体特征进行分析,结合不同的土层地基厚度进行碾压遍数的控制,继而提升整个建设的有效性。在施工过程中,如果出现工期变更或者因客观因素而产生的施工变化,也可以通过碾压速度以及遍数的调整进行优化。

最后,完成碾压后,相关的技术人员要进行相关试验检测,看检测结果是否合格,发现问题要及时处理,由此提升整个建设的有效性。

10.技术交底精细化管理

为了防止裂缝出现,应更新路面压实检验方法,缩减取样次数,做好回填工作,以防引发裂缝问题。此外,还应做好接缝工作。在进行接头时,应避免冷接缝出现,保证接缝质量。在路面温缩缝的控制中,应注重半刚性基层的处理工作。应在沥青层和半钢性层之间设置碎石层,减弱温缩缝产生的作用。需要强调的是,技术交底不只是针对领导层的技术交底。施工人员是参与施工的主要人员,如果不了解施工技术,则很难保证施工质量。因此,一方面要将路面施工技术传达给工人,另一方面应加强施工人员施工技术培训,以此保证施工质量,减少路面施工裂缝问题。

（二）路基路面工程精细化管理的意义

精细化管理在道路工程中的全面实施，一方面能提高施工建设的管理水平，另一方面可有效地提升道路整体质量。对路基路面施工进行精细化管理是路基路面施工的关键。

精细化管理理念不仅能促进管理工作的创新和发展，也能促使路基路面工程施工更加规范化，促使路基路面工程建设获得更好的效果。

1.提高施工现场管理水平

施工现场管理始终是路基路面建设过程中的重要内容，对于施工单位而言，需要充分落实精细化管理的相关理念，明确管理人员自身的职责，督促其执行相关管理制度，对路基路面施工情况进行监督，使路基路面施工现场管理水平得以提升。

2.提升路基路面工程质量

如果对质量管理不够重视，没有认识到精细化管理的重要性，就无法提升路基路面施工管理水平，无法保证路基路面施工质量，对工程建设造成不利影响。创新和完善路基路面工程施工管理理念，有效应用精细化管理机制，能够更加明确管理人员的职责，使施工人员有效地开展工程建设，从而保障路基路面工程质量。

第二章 路基设计

第一节 一般公路路基的排水设计

一、公路路基排水设计的重要性

随着我国交通运输业的不断发展，国家在城市的公路建设中加大了投资的力度与重视的程度，这就对工程的整体建设质量与安全性提出了更高的要求。设计人员在进行公路工程路基基础设计的时候，要对工程中的细节问题足够重视，并有效地解决这些问题。公路路基排水设计工作对整个工程的设计、施工与质量的控制起着重要的作用。如果在设计时考虑不足，就会使路基提早受到水的影响，在长期的荷载作用下出现路基沉降或道路开裂等情况，给出行的车辆带来严重的安全隐患。良好的排水设计可以减少公路路基和路面内部水分的含量，促进路面结构的稳定，从而增加公路的使用寿命，提高公路的使用质量，对公路的使用具有重要的意义。

二、公路路基排水设计的原则

（一）实地调查原则

在进行公路路基排水工程设计时，相关设计人员首先要对工程的现场进行实地考察，保证设计的排水方案适合该地区的使用要求。在实地调查时，应对道路沿线的用地性质和排水沟渠、流向进行充分的调查、记录，选择合理的出水位置，避免将边沟和排水沟收集的雨水排放到沿线的农田和鱼塘，造成污染。必要时应在现场确认可能设置沉淀池的地方，将路面汇水沉淀净化后排出，同时对周边可使用的边沟砌筑材料进行调查，确保设计方案符合当地情况，避免浪费。另外，有条件时应对周边已建排水设施的材料和使用情况进行调研，分析其优缺点并进行借鉴。

（二）因地制宜原则

在公路工程路基排水设计工作中，相关的设计人员应在对道路周边的地形和环境进行充分调查的基础上，根据不同地区的不同环境特点进行相应的设计，遵循因地制宜的原则。通常情况下，路基排水的设计要结合道路纵、横断面设计，设置合理的排水方案和出水间距，避免因排水能力不足而出现路基浸水的情况，影响路基的稳定。另外，在施工过程中，应尽量将临时排水设施的设置与永久排水设施的设置结合起来，从而减少重复建设，节约工程投资。

（三）保护环境原则

在工程的排水设计中，设计人员要对影响公路工程路基与路面使用安全的不稳定因素进行充分的考虑，对工程排水过程中存在的隐患进行细致的排查。尤其是边坡高度较大的情况，应在水流汇集位置设置合理的截水沟及急流槽，避免出现坡面汇水冲刷边坡，造成水土流失或边坡失稳等情况。在道路的使用过程中如果出现了这一问题，应对整个道路进行排查，并及时处理，避免灾害的扩大，减少公路建设对环境的影响。

（四）其他设计原则

为提高公路工程中路基的排水工作效率，设计前应尽量做到以下几点：

（1）设计的路基排水系统应合理、完善，并充分利用道路沿线现成的排水体系，尽量减少对原有排水体系的改造和破坏。当原有排水体系排水能力不足时，应采取适当的改造措施，确保路基范围内水的顺利排出。

（2）在设计时，应充分考虑道路的等级和用途，确保所选择设计方案的合理性和施工方案在当地有较好的适用性，避免水土不服。

（3）工程设计时注重对环境的保护与能源的节约使用，满足国家对生态环境发展的要求，节约资源。在工程建设的过程中，还要采取适当的措施防止水土流失，避免破坏周边土壤环境和污染沿线水源。

（4）设计人员在道路选线时应充分考虑路基的排水要求，避免将路基设置在排水不利的位置，减少路基浸水和失稳风险，确保路基的稳定性。

（5）在设计时，应充分考虑路基排水设施在使用阶段的维护要求，尽量避免使用耐久性不强和较难维修的排水方案和材料，确保排水设施在使用期的稳定性，减少因排水设施堵塞、破坏而造成的路基浸水风险，增强路基路面的结构稳定性。

三、公路路基排水设计的基本措施

（一）公路路基排水体系

公路路基排水主要包括建设排水沟、截水沟、边沟、积水池等多种方法，不同排水设施的作用和效果也不尽相同。在实际设计时，通过对这些排水方式的设计和合理整合，可以形成完善的路基排水系统。在进行路基排水沟设计的过程中，要结合实际的现场情况及周边坡度条件，通过科学的计算选择合适的排水方式。

边沟一般应用于路基挖方路段中，通常情况下为矩形，必要时需设置镂空型钢筋混凝土盖板。排水沟较多应用于填方路段的坡脚位置，通常为梯形，用地受限时也可采用矩形排水沟。当路外汇水流向路中时，排水沟或急流槽可以将路外汇水有效地引离路基范围，避免浸泡路基。截水沟一般设置在路堑边坡坡顶外 5 m 或路堤坡脚外 2 m，可根据实际情况对距离进行适当的调整。

（二）公路路基边沟排水设计

1.容易忽略的问题

在公路路基整个排水系统的设计过程中，边沟排水是非常多见的一种，其对于整个公路排水系统的组建具有重要作用。但是在实际设计和实施中，这部分往往容易被设计和施工人员忽视，从而导致很多问题。比如：边沟尺寸和材料不满足实际使用要求；设计时未考虑地质条件的影响，边沟基础和沉降缝等构造措施设计不合理；施工时质量管控不严，边沟坡度和断面不满足要求，沟壁粗糙，影响排水速度；等等。这些问题均会导致排水系统不能达到实际使用要求，影响整个排水系统的使用。

2.边沟尺寸的选择

边沟是公路路基排水系统的重要组成部分，设计时首先要对当前公路区域范围内的水文地质条件、自然环境、周边环境、桥涵甬道环境等进行充分调查，通过对最近几年项目所在地范围内的降水量、降雨过程的综合分析，科学设置边沟断面和尺寸。另外，要结合道路沿线地形和水系选择合适的出水口，避免排水距离过长导致尺寸增大。适当地增加出水口可以有效地减小边沟断面尺寸，减少工程量，节约资源。

3.设计原则

设计人员在进行公路路基边沟排水设计的时候，应该遵循以下原则：

（1）公路路基边沟排水设计要结合具体的环境条件，严格按照设计标准进行，确保边沟的坡度符合相关规范和使用要求，能够满足实际使用需求。要根据道路工程施工的特点，对当前地形特征和周围环境进行分析，科学地调整设计方案。还要根据设计方案的经济性、安全性和可持续发展原则，合理规划道路边沟设计及施工。

（2）要因地制宜，选择合适的边沟设计类型，在尽量利用沿线水系和地形的同时，也要考虑将来沿线地形等因素的改变对公路排水系统的影响，从根本上解决公路路基边沟积水的现象，避免对公路施工及正常使用造成不必要的影响，确保公路项目的安全使用。

（3）要熟悉道路范围内的整体环境，了解涵洞、甬道等方面的情况，结合项目整体发展需求采取相应的处理措施，保证公路及沿线涵洞的有效设计。边沟设计标高要高于沿线范围内涵洞中心的高度。在施工过程中，应避免跨甬道施工。如不能避免，应该注意进行边沟盖的设计，并采取必要的设计措施，防止水位上升。另外，对于边沟标高及坡度设计等问题，应该结合公路路面纵向设计特点，对地形进行科学分析，优化设计方案，确保排水的科学合理。如果遇到必须经过但又无法满足要求的特殊路段，则要做好防护措施，选择单侧排水渠道，最大限度地满足使用要求。

（三）公路中央分隔带排水设计

在公路排水系统中设置分隔带排水的主要目的在于排除分隔带内存在的积水。在设计施工中，中央分隔带排水设计可以分为施工中和正常使用状态下两种情况。由于具体的需求、情况不同，中央分隔带排水设计也有所不同。

首先，施工期间排水设计要考虑区域环境的降水量及中央隔水带的收水面积，通过综合分析确定排水量，合理规划中央分隔带的排水施工。从一般情况来看，公路横向排水管道的设计主要根据公路整体宽度确定，并且需要注意保留相应的坡度。对于临时性排水管道的设计，要根据地区降水量及气候、位置等因素综合考虑。

其次，排水管道在设计过程中及施工中容易产生较多矛盾。比如：分隔带施工主要集中于公路基层建设，很难确保公路的排水效果；开挖边沟过于粗糙、形状规格各不相同、不按照设计规范施工、沥青粘接不牢固等问题影响道路排水施工的质量。所以，对于中央分隔带的排水设计，应该更加重视横向排水管的设置，充分考虑其耐久性，避免出现堵塞现象，确保管道排水功能的正常发挥。

综上所述，在城市化建设的快速发展下，基础设施建设尤为重要。路基排水设计是公路建设中的一个重要环节，设计人员在设计时应对道路沿线地质水文条件、气候条件、砌筑材料等有充分的调查和了解，确保选用的排水方式和结构尺寸满足使用要求，同时遵循经济、安全、耐久、可持续等原则，只有这样才能做好公路排水系统建设，保证路基的稳定，使公路为人们提供更加高效的服务。

第二节 特殊路基设计中综合处理软土方法的应用

我国疆域辽阔，在道路基础工程建设的过程中，不可避免地需要穿越软土基区域。从工程应用角度分析，软土基在实际应用过程中极易导致路面出现开裂以及沉降等情况，不仅影响工程使用性能以及使用寿命，而且会留下安全隐患，因此对特殊路基进行优化设计，切实保证软土路基满足道路工程使用的实际需求具有重要的现实意义。同时，综合处理软土方式也是行业技术人员主要研究的内容。

一、特殊路基设计的原则与内容

（一）特殊路基设计原则

从工程建设实际角度分析，设计者在实际开展特殊路基设计工作过程中需要充分遵循经济性、实用性及安全性原则要求，依据施工区域软土层实际情况，编制科学、环保且经济的软土路基施工方案，具体内容应涵盖施工区域地下水分布以及排水情况，并推动相关方案不断优化。

（二）特殊路基设计内容

从工程建设实际角度分析，软土层通常被划分为表层、里层两部分。表层主要分布于菜地、水田等区域，形成原因是：处于低洼地带，地下水较为丰富，土层在长期浸泡情况下会出现软化情况，同时也会产生较大面积的淤积。而里层则主要为冲洪积层，主要由黏土及淤泥构成，分布较为广泛。软土的实际埋藏深度存在较大差异，厚度变化相对较大。如果无法对路基进行良好的处理，就会导致公路路基的整体稳定性逐渐降低，路基也很可能出现空间范围相对较大的沉降现象，从而降低公路路基的整体施工强度。对于公路路基的设计人员来说，需要有效地结合软土的物理性质，使用科学与先进的软土地基的处理方式来开展相对综合的治理工作。

二、案例概述

为深入探究综合处理软土方法应用的要点，本节选取实际案例进行具体说明。案例工程为某市支路建设工程，公路全长约为 639.55 m，设计使用年限为 10 年，路幅宽度为 16 m，排水体制为雨、污分流制。

三、路基处理

从工程建设角度分析，路基应具备较强的强度、稳定性以及耐久性。设计者在实际工作中应注意依照施工区域水文条件、气象条件、地质条件等因素对路基防护措施进行科学设计，构建合理的植物防护以及工程防护措施，最大限度地降低路基病害发生的概率以及病害产生的影响。在条件允许的情况下，设计者应采取环保策略，同时结合城市长远规划及土石方用量、运输条件等，对路基土石方取弃地点进行选取。

（一）一般路基处理要点

从工程建设角度分析，路基边坡是确保路基稳定性的重要基础，通过科学、合理的路基边坡设计可以有效保障路基边坡的稳定性，同时实现减少工程总投入的目标。案例工程中，施工人员充分认识到道路及周边地块同步性会直接影响路基边坡的稳定性，因此在实际作业过程中，施工技术人员在采用放坡形式设计的同时，对租借地以及政策处理的一系列问题进行了综合考量。施工单位考虑到施工区域地面横坡缓于 1∶5，因此在实际作业过程中首先对地表草皮以及腐殖土进行清理，随后直接在天然地面上开展填筑路堤作业。

（二）特殊路基处理要点

案例工程开展过程中，技术人员在针对施工区域进行实地勘探后发现软土路基地段较多，为避免因路基接合部不同而出现沉降，决定对路基底部进行开挖后回填。

（三）回填颗粒技术参数

案例工程中，道路规划设计需要穿越水塘，技术人员为确保路基的稳定性以及道路使用的安全性，决定采用换填法对相关路段软土路基进行处理。施工单位在挖除水塘中的淤泥后，对其进行换料回填处理，并依据路基相关技术参数对路基压实度、填料最小强度及最大粒径进行处理，施工单位作业中将路基基地压实度控制在 90% 以上。

（四）松木桩基础处理要点

案例工程开展过程中，施工单位严格依照松木桩规定工艺流程，进行测量放线、工作面开挖、桩位设计及放样、嵌桩施工等操作，将桩位偏差、垂直误差分别控制在 $D/4 \sim D/6$ 区间范围内及 1% 以下。同时，依照工艺要求，施工单位自公路外向公路中线开展对称施工，对桩位位移量进行严格控制。施工技术人员对施工人员行为进行监督,确保其依照施工设计开展作业活动,同时要求施工人员在桩基深度难以达到预定深度的情况下不可对桩体进行截断等处理,而应上报技术人员并等待处理结果。

（五）特殊路基处理后沉降标准

考虑到案例工程中软土路基分布范围以及面积较大,因此施工技术人员为确保道路建设标准满足设计及使用要求,在软土路段换填作业完成后,对相应路段进行检查,确保其沉降程度检测值在标准范围区间内。最终检验结果显示,本工程完全符合标准参数要求。

第三节　复杂地质条件下
滨海高速路基设计

一、项目概况

赤道几内亚滨海高速路是赤道几内亚的重点工程,也是该国大陆地区第一条海滨快速路,连接了巴塔、博美、波隆多等沿海城市。

（一）地理位置

该项目起点位于巴塔市,与在建快速路相接,向西南偏转后继续沿大西洋海岸向西南方向延伸,终点接姆比尼河北岸的波隆多,与现有通往巴塔的道路相交,全长约 28.2 km。

（二）地形地貌

研究项目位于沿海地段，路线穿越的位置大部分是热带雨林区域，局部路段分布大面积沼泽及粉砂地，总体地形较平坦，局部有微丘。区内主要地貌类型有滨海平原堆积地貌及第四系冲洪积平原及微丘地貌。

（三）地质条件

项目线路沿线地层结构单一，勘探范围内主要为第四系冲洪积沉积地层、滨海相沉积的粉细砂地层及白垩系泥岩砂岩地层。

其中，第四系冲洪积（Qal+pl）主要分布在全线的低洼地段、溪河地段，成分为褐黄色、灰黄色黏性土及砂土、红土粒料等冲洪积堆积物。第四系残坡积（Qel+dl）主要分布在山坡、微丘地带，多为残坡积物。白垩系沉积岩地层（K）地层未揭穿，见泥岩及局部夹粉砂岩。

场区软土主要为淤泥、淤泥质粉砂，零星分布，埋藏浅，厚度为 0.3～4 m。根据静力触探成果，淤泥及淤泥夹砂等软弱土层具有极高含水量、极高灵敏度、极高压缩性、低渗透性，且含腐殖质及未腐烂树叶等，为软弱土层，工程地质极差。

线路经过区域部分土层为风化泥岩、红土砾料的风化土及残积土，零星发现有高液限土分布，但自由膨胀率不超过 40％。膨胀土多见于路堑边坡段，边坡应放缓坡率，做好排水保湿，设置支挡。

本工程局部地段淤泥及淤泥夹砂层中存在大量腐殖质及腐烂植物根茎，有机质含量较高，其含水量为 80％～192％，平均大于 110％，平均天然孔隙比为 2.0～4.0，平均压缩系数为 1.55，工程性质较差。

二、路基设计

（一）路基设计标准与原则

道路等级：主线为一级公路，双向四车道；支路为三级公路，双向两车道。设计速度：主线 80 km/h，支路 40 km/h。路基宽度：主线 24.5 m，支路 9 m。设计原则：根据道路的类别和等级，结合项目场地条件，以具有足够的整体稳定性、强度为原则，并结合沿线地质、水文、气候、筑路材料的分布情况进行路基设计。主线路基宽度 24.5 m，采用整体式路基断面。主线路基由中央分隔带、路缘带、行车道、硬路肩及土路肩组成。

（二）一般路基设计

路基开挖、填筑贯彻"与沿线自然环境相协调"的原则，力争采用"浅挖、低填、缓边坡"的断面形式，最大限度优化主线土石方调配，节省筑路材料。

填方路堤：路堤边坡高度 $H \leqslant 8$ m 时，采用直线式边坡，坡率取 $1 : 1.5$；边坡高度 8 m＜$H \leqslant 20$ m 时，采用台阶式边坡，上部 8 m，坡率取 $1 : 1.5$，下部坡率取 $1 : 1.75$，平台宽度为 2 m。路堤边坡坡脚设置 2.0 m 宽护坡道。

挖方路堑：根据当地施工经验，当路堑边坡高度 $H \leqslant 4$ m 时，采用直线式边坡，不设边坡平台；当边坡高度 $H＞4$ m 时，采用台阶式边坡，每 4 m 高设置一级宽 3 m 的边坡平台，并设置平台沟，各级坡率均为 $1 : 1$。路堑边坡坡脚设置 2.0 m 宽碎落台，实际施工时可根据边坡开挖情况综合选取。所有路堑边坡坡顶、坡脚及平台均采用圆弧过渡。

（三）特殊路基设计

该项目特殊路基主要包括沼泽地路基、低填浅挖段路基和填挖交界路基。本地区年降水量丰富，雨季时间长。沼泽地区路段因地势较低，雨水汇集无法排出，基底常年沉积草根、杂物等腐殖质。沼泽地区路段淤泥的平均深度为 0.5～3 m，大部分路段淤泥的平均深度为 0.6～1.0 m。对路基进行处理时，需将沼泽地区的淤泥全部挖出，根据不同路段特点合理选择换填材料。淤泥深度较浅、局部积水路段可选用一般路基填料换填，淤泥深度较深、积水较深路段应优先选用砂砾、片石、碎石等透水性材料。施工应选择在旱季进行，根据不同路段的地形地貌及沼泽范围选择围堰排水或临时降水措施。

1.淤泥深度小于 1.5 m 路段

淤泥深度小于 1.5 m 路段，积水面积较小，水深较浅，施工时可采取排水、降水措施，挖除淤泥后换填一般路基填料。坡脚采用超宽填筑，防止地表径流汇水对路基边坡造成冲刷。

2.淤泥深度大于 1.5 m 小于 3 m 路段

淤泥深度大于 1.5 m 小于 3 m 路段，积水面积较大，且积水较深，施工时可采取排水、降水措施，在挖除淤泥后换填未筛分碎石。坡脚采用超宽填筑，防止现状积水对路基边坡长期浸泡和冲刷。

3.海水倒灌路段

该项目沿海路段路基局部位于入海口的沼泽区内，沼泽区内水位高度受海水潮汐影响较大，水位高度变化频繁，本段路基挖除杂草树根后应采用块石、碎石等填筑，碎石顶面铺防水土工布，路基边坡采用浆砌片石铺砌防止冲刷。

低填、浅挖路基处理。路堤高度小于 1.5 m（0.7 m 路面结构层＋0.8 m 路床）的低填路基，应先开挖至路床底面，填前碾压后以土方回填并分层压实。浅挖路段为挖方路床仍为松散覆盖层的挖方路基，通常挖方边坡高度小于 2 m，在路床全部挖除后回填土方分层压实。对于地表潮湿、地下水位较高的低填浅挖段，路床底应铺设防水土工布，坡脚处采用黏土夯实处理，防止毛细水及降水浸入路基。

填挖交界路基处理。填挖交界挖方路基路槽以下超挖 80 cm，换填红土粒料，填方路段纵向 10 m 范围内采用红土粒料填筑，填方基底进行挖台阶处理，台阶宽度不小于 2.0 m。

4.台后路基处理

为保证结构物台后的刚柔过渡，采用反开挖路基成台阶状，换填透水性好、内摩擦角较大的未筛分碎石。具体处理方案为：桥头段，从承台顶 4 m 外向上按 1∶1.5 的坡向下开挖路基成台阶状，台阶宽度大于 2 m，然后分层回填未筛分碎石至桥梁搭板底；涵洞段，从涵洞台身基础底 2 m 外向上按 1∶1.5 的坡开挖路基成台阶状，然后分层回填未筛分碎石至涵洞顶。

三、路基材料技术要求

换填料应选用水稳性或透水性好的材料，应分层填筑、分层压实。未筛分碎石压碎值不大于 35%，含泥量不大于 5%。工程用水宜采用饮用水。使用非饮用水时要进行化验，硫酸盐（以三氧化硫计）含量不得超过 2 700 mg/L，含盐量不得超过 5 000 mg/L，pH 值不得小于 4。

四、防护设计

以防治路基病害、保证路基稳定、改善环境景观为前提，根据不同地质情况和边坡高度，采取直接工程防护与植物防护相结合的办法。在适合植物生长的路基边坡上，采用植草、灌草防护，部分路段采用圬工防护。受水浸淹或冲刷的路堤边坡外侧增加护坡宽度，原则上采用植草防护，减少圬工防护工程数量。

（一）边坡防护

植草防护：用于填挖高度不大于 4 m 的路段。

混凝土预制块防护：用于填高大于 4 m 或挖深大于 4 m 的路段，以及桥头锥坡处。

（二）动态防护设计

对于复杂地质条件下的高边坡防护应进行动态设计。坡体开挖以后，现场情况可能与设计时所掌握的情况有出入，甚至出入较大，为确保设计的可靠性和经济性，以及使用的安全性，避免盲目性，在施工过程中，设计人员应跟踪施工现场，及时调整原设计，使设计更趋完善和合理。

第四节　膨胀土地区公路路基设计

一、膨胀土的主要特征

（一）胀缩性

膨胀的黏土的矿物成分主要为蒙脱石和水云母等亲水性较强的矿物，具有吸水膨胀、失水收缩的特性。蒙脱石含量愈高，土中扁平颗粒定向度愈大，其胀缩性愈强。此外，土的初始含水量和干密度也对其胀缩性有明显影响。初始含水量愈大，干密度愈小，其膨胀量愈小，收缩量愈大；反之，膨胀量愈大，收缩量愈小。因此，在工程中可利用往膨胀土中掺加非膨胀土或白灰和粉煤灰的方法降低其胀缩性，也可采用温度控制的方法，减少其胀缩量。

（二）多裂隙性

膨胀土吸水膨胀、失水收缩，容易造成土体中裂隙发育。裂隙面是土体中的主要软弱面，大多数膨胀土滑坡均是循裂隙面发展而成的。膨胀土中软弱裂隙面的存在是土体失稳破坏的主要原因。

（三）强度衰减性

膨胀土的抗剪强度具有典型的变动强度特征，其天然峰值强度极高，残余强度极低。此外，膨胀土强度衰减还与气候条件及施工条件有关。一般雨季衰减快，旱季衰减慢。开挖面大，在空中暴露时间长，其强度衰减快。因此，膨胀土路基尽量选在旱季施工，不要采用全断面开挖，开挖后要及时封闭。

（四）超固结性

膨胀土形成年代较早，在漫长的地质历史过程中经受过比目前的上覆压力大的荷载作用，已达到完全或部分固结的程度，具有较大的结构强度，呈超固结状态。其初始强度高，但风化后强度衰减很快。

（五）崩解性

膨胀土吸水后体积膨胀、软化、解体。一般强膨胀土崩解快，弱膨胀土崩解慢。初始含水量愈高，土崩解愈慢；反之，崩解愈快。

（六）风化性

膨胀土因富含亲水性黏土矿物，具有非水稳性和多裂隙性，对水、热特别敏感，暴露于大气中很快就会产生风化。膨胀土风化程度由地表向下逐渐减弱，一般可分为3个风化带：

1.强风化带

强风化带位于表层，厚1.0 m，裂隙极发育，土体呈松散碎石或砂粒状。

2.弱风化带

弱风化带位于强风化带下，厚1.0～1.5 m，裂隙发育，呈张开状，土体呈碎块状。

3.微风化带

微风化带位于弱风化带下，厚大于 1 m，裂隙不太发育，呈闭合状，土体呈棱块和短柱状。膨胀土中的风化带分界面是一个主要的软弱面，膨胀土边坡的破坏大多沿此面发生。

二、膨胀土地区公路路基病害及成因分析

（一）路堑变形破坏类型

（1）冲蚀：坡面松散表土在集中水流冲刷侵蚀作用下，沿坡面形成的沟状冲蚀现象。冲蚀主要发生在雨季。

（2）剥落：路堑边坡表层强风化土体在重力作用下沿坡面滚落的现象。剥落主要发生在旱季。

（3）溜塌：边坡表层强风化层内的土体，吸水膨胀软化，处于过饱和状态，在重力与渗透压力作用下，沿坡面向下产生塑流状塌移的现象。溜塌常发生在雨季。

（4）泥流：坡面松散土粒与坡脚剥落堆积物，被水流裹带搬运的现象。泥流常堵塞边沟或涵洞，甚至冲毁路基，淹埋路面。

（5）坍滑：在湿胀干缩效应与风化作用影响下，边坡浅层膨胀土体强度衰减，稳定性变差，沿一定滑面整体滑移并伴有局部坍落的现象。

（6）滑坡：在胀缩效应与风化作用的影响及水的促滑作用下，边坡土体丧失稳定平衡，沿一定滑面整体向下滑移的现象。

（二）路堤变形破坏类型

（1）沉陷：填土压实不够，由膨胀土湿胀干缩效应和崩解引起。

（2）纵裂：路肩顺线路方向产生的纵向开裂，主要由于该部位填土压实不够，路肩临空，受风化作用影响，干湿交替频繁。

（3）坍肩：主要是由于路肩土体压实不够，又处于两面临空，易受风化作用影响。

除上述三种外，路堤变形破坏类型还有溜塌、滑坡等，出现的主要原因是表土压实不够，风化影响较大。

综上所述，膨胀土路基变形破坏主要是由膨胀土表层风化效应、湿胀干缩效应及软弱结构面效应引起的。此外，路堤填料选择不当、施工时压实不够都会引起路基病害。因此，在进行膨胀土路基设计时要密切注意这些问题。

三、膨胀土地区公路路基设计的主要内容

（一）路基主体设计

路基主体设计包括路堤和路堑的外形设计及路堤填料选择，要满足稳定、环境和经济要求。

路堤应选用非或弱膨胀土作填料，用中膨胀土作填料需进行改性处理或做成包心路堤。同一类型的土最好填筑在同一层，压实度要均匀。胀缩性较明显的土最好填在下部，上部为非或弱膨胀土，其目的是利用自重限制膨胀。由膨胀土填筑的路堤一般不能过高，边坡坡度不宜小于 1：1.75，一般采用直线或折线坡。高路堤应设边坡平台，平台上要设排水沟。

路堑膨胀土路堑设计视膨胀土类别和边坡高度而定。中、弱膨胀土矮边坡一般采用直线或拆线坡，强膨胀土路堑或高边坡采用台阶形边坡。边坡平台依软弱面位置可设一道或多道，平台上设排水沟或支挡设施。边坡坡脚要留边沟平台，防止边坡垮落物堵塞边沟，影响排水。膨胀土边坡坡度视膨胀土类别和坡度而定，可参考规范处理。

（二）路基防护与加固设计

膨胀土地区路基病害大多发生在边坡上，所以其路基防护与加固设计主要为边坡防护与加固设计，有坡面防护工程和支挡工程两类。

1.坡面防护工程

坡面防护工程是针对膨胀土易随含水量变化产生胀缩变形和易风化的特征而采取的一些坡面防护措施，主要有植物防护、骨架护坡、片石护坡、全封闭护坡等。

（1）植物防护用于坡面防水保湿和防水流冲刷，主要措施有植树、种草、铺草皮等，其中以铺草皮和种紫穗槐效果最佳。当边坡高度不大时，植物防护可单独使用；当边坡高度较大时，可配合其他防护措施一起使用。对于风化层较厚或易风化、易产生胀缩变形的强膨胀土边坡，当边坡高度不大时，应尽量采用扎根深、固着力大、蒸腾量小的植物防护。植物防护是一种柔性防护，可适应膨胀土边坡较大的胀缩变形，又能起到减缓风化、减轻水流冲刷、美化环境的作用。因此，应尽量多采用适宜的植物防护，充分发挥其综合效能。

（2）骨架护坡用于防止坡面表土冲刷，加强风化层土体的支撑稳固作用。用于风化层较浅的膨胀土边坡，骨架形式有方格形、拱形和人字形三种。一般采用片石砌筑，骨架内铺草皮，种紫穗槐或抹面。由于骨架嵌入坡面深度小于 1.0 m，所以当风化层厚度大于 1.0 m 时，应设支挡工程。

（3）片石护坡用于整治已产生局部溜塌变形的边坡，有干砌片石和浆砌片石两种。干砌片石用于已变形的坡面嵌补，可以恢复坡面的完整。浆砌片石护坡整体强度较高，自重较大，对抑制土体膨胀有一定效果，同时也可起到防风化作用。应注意的是，浆砌片石护坡必须设泄水孔，防止坡后积水，引发胀缩变形。

（4）全封闭护坡有混凝土抹面和混凝土预制块护坡两种。全封闭护坡用以防止表土风化和表水冲蚀坡面，混凝土预制块还具有抑制膨胀的作用。但全封闭护坡不能排出坡内水流，且混凝土隔热性差，因此不适用于渗水边坡。

2.支挡工程

支挡工程主要有挡墙、抗滑桩、片石垛等，用于防治有可能下滑的土体。支挡工程一般用于风化层较厚的强膨胀土边坡，也用于滑坡治理。支挡工程可依软弱面位置设置一道或多道，其埋深要穿过风化层或软弱层，基础要牢固。支挡工程一般和其他坡面防护工程一起使用。

（三）路基排水设计

水是影响路基稳定的主要因素，膨胀土对水尤其敏感，只要土中含水量有1%的变化，就会引起土体发生胀缩变形。此外，水对边坡还有冲蚀和引起风化的作用。因此，在膨胀土地修建公路必须设置完善的排水系统，并保证其发挥效能，运转良好。

膨胀土路堤要设置坡脚排水沟，排除路基附近的地面水。高路堤要在边坡平台上设排水沟，减少冲刷下部坡面的水量，并设支撑渗沟，排除堤内水。膨胀土路堑要设边沟排水，每级边坡平台均要设排水沟，减轻坡面水对下部边坡的冲蚀作用。堑顶上方要设一道或多道截水沟，排除流向路基的地面水。而且堑顶上方一定范围内不得有蓄水设备，否则要做好防渗工作。边坡内地下水可由水平孔或支撑渗沟排除。当地基地下水位较高时，可于排水沟或边沟下设置盲沟，以降低地下水位，减轻其对路基的不利影响。与比一般地区的排水沟相比，膨胀土地区的排水沟断面要更大，并且均浆砌加固，防止渗漏，排水纵坡要略陡一些且横向排水的距离不能太长。路基要及时设置横向排水设施，如吊沟、渡槽等，使可能威胁路基安全的水尽快排离路基。排水沟要定期清淤，防止淤塞溢水。

（四）环保设计

1.植物防护

膨胀土路基边坡尽量采用植物防护，首选扎根深、固着力强的植物。植物防护是一种柔性防护，具有防水保湿、防风化、防水流冲蚀的特性，又可起美化环境、净化空气、调节气温的作用，是一种综合性的防护措施，也是目前路基防护的主导潮流。

2.植树造林

膨胀土路基除了要采用正确的路基主体设计、路基防护加固设计和排水设计措施，还要注意路基的环境保护工作，如植树造林等。植物根系可固着土壤，减少水土流失，还可起到降低水流流速、减小其冲蚀能力的作用。

膨胀土是一种工程地质性质非常复杂的特殊土，对环境（尤其水）的变化非常敏感，具有易风化、易产生胀缩变形、多裂隙和强度衰减等特征。因此，在膨胀土地区修建公路，要针对膨胀土的特点和具体情况进行合理的设计。

四、工程概况

以某公路工程为研究对象，公路总长为 94.029 km，处于膨胀土区域，受温度、气候等因素的影响，较易形成膨胀性黏土矿物。据地勘报告可以得知，此公路工程约有 50% 的路段分布有膨胀土，且其中大部分为弱中膨胀土，局部存在强膨胀土。路基设计仍沿用传统方案必然会增加建设费用，并严重破坏周边沿线生态环境。为此，该公路工程设计人员重新对膨胀土进行研究分析，对照新的膨胀土分类指标体系，设计了新的路基设计方案。

（一）膨胀土路基设计

1.路基处置深度

从膨胀土性质角度来分析，其胀缩性能会受到多种因素的影响，如环境湿度、气候条件等。随着环境的变化，表层膨胀土的胀缩性能会发生变化，极易出现强度衰减状况，但是深层膨胀土受环境因素的影响程度较小，不会产生大幅度的胀缩变形，具有较高的强度。对此，该公路工程路基设计过程中，必须对路基进行合理处理，明确处置深度。在确定路基深度时，可根据相关规定进行处置，如选择膨胀土换填层厚度确定法，主要就是根据膨胀土路基构筑物承载力超出基底单位面积膨胀力确定处置深度，具体公式为：

$$h=300+(\delta_{ep0}-4)\times100$$

式中，h 为零填及挖方路段膨胀土地基处置深度，cm；δ_{ep0} 为膨胀土试验卸荷至零时的膨胀率，%，取 7%。

2.路基坡率

该工程公路膨胀土路基设计并未遵循相关标准规定的坡率，而是选择了变坡率的方法，主要依据为同类公路工程地质比拟法。

靠近平台路堑内侧位置，可以增设截水沟，规格为 0.4 m×0.4 m，选材为浆砌石，路堤平台位置则可不设截水沟。此种设计方法不仅能够充分支撑坡脚，防止边坡变形，还能够有效减缓边坡承受的高边坡土体压力，便于维护边坡稳定性。

3.排水沟及护坡道

结合水力计算可知，内外坡率均为 1∶1，且底宽、深度均为 0.8 m 的倒梯形排水沟能在满足路基路面排水要求的基础上减少排水沟内水对路基、路床结构的不利影响，所以应适当加宽、加深膨胀土段排水沟，使沟底达到路床顶面以下 40 cm 以上。综合考虑路堑路床改性处理的具体要求，排水沟内水对路床干湿状态并无较大影响，所以应将排水沟底宽和深度均增大至 1.0 m。在坡脚外缘增设宽度为 2.0m 的护坡道，以起到阻止边坡碎石滚落入排水沟堵塞沟体及减弱沟内水对坡脚不利影响的双重作用。

4.路基处理

对案例工程进行地质勘查得出，工程膨胀土分布位置大气影响深度范围约为 3.0～5.0 m，大气急剧影响深度范围约为 1.6 m。受大气急剧影响，公路工程路基路面会出现多种问题，如路基结构变形、边坡破坏等。对此，该工程设计膨胀土路基与路面结构总厚度时，确定最小值为 1.6 m。路堤段采取分层填筑的方法，在碾压作业后会破坏土体结构，但能够保留膨胀土微结构与土质特性。膨胀土的膨胀性能会随含水量的变化而不断变化，因此可以采取有效的防水措施。因为膨胀土具有固结性，所以在实施此措施后，膨胀土的结构强度会有所提高。基于此，仅考虑加固路床，具体设计思路如下：

（1）弱膨胀土路基处理。在弱膨胀土路段，其路面结构层厚度小于 0.72 m，路床厚度小于 0.8 m，路基高度不超过 1.52 m，上路床采用 6%石灰土，下路床采用 5%石灰土，确保 95%以上压实度。若路基高度为 1.52～2.22 m，那么路床掺灰量与压实度均需维持不变。若路床填料 CBR 值经检验不符合相关规定，那么掺灰量则应作出相应改变，约 4%石灰土，压实度需超过 93%。虽然此措施未有效解决路基土膨胀性引发的问题，但能够降低其黏粒和胶粒含量，在一定程度上减缓膨胀速度，同时掺灰也便于提高填料 CBR 值。当路基高度大于 2.2 m 时，可采取上述方法处理路床与上路堤，掺灰比例一致。一般而言，路基作用区域主要为路面下 2.0 m 位置，所以仅要求填料强度 CBR 值不小于 3。若弱膨胀土含水量处于增大阶段，而压实度与 CBR 值符合规定，则不用对膨胀土下路堤进行处理优化。该公路膨胀土边坡土体地处强风化位置，土体出现胀缩效应可能与干湿循环因素有关，还应对边坡进行有效处理，可以采用 50 cm 厚的非膨胀土对其进行包边。下路堤中没有进行掺灰处理的边坡，也应进行包边处理。可以采用 6%石灰土，以 60 cm 垂直厚度进行处理。另外，非膨胀包边土应与石灰进行同层碾压处理。

（2）中膨胀土路基处理。当中膨胀土路段路面结构层厚度在 0.72 m 以下，路床厚度在 0.8 m 以下，路基高度不足 1.52 m 时，上、下路床分别采用 8%和 7%的石灰土，压实度至少达到 95%。当路基高度在 1.52～2.22 m 时，路床掺灰量和压实度不变，采用 6.5%石灰土处治地面以上 70 cm 范围内的路堤，压实度至少为 93%。当路基高度超出 2.22 m 时，路床和上路堤掺灰量和压实度不变，仅从胀缩性和经济性角度考虑采用 4%石灰土进行膨胀土改性处置，且压实度至少为 93%。边坡路面结构层以下采用非膨胀土，按 50 cm 厚度包边。

（3）填挖交界处路基处理。对于填挖交界处路基，除应按照膨胀土路基高度进行常规性处理外，还应在路床范围内增设三层强度至少为 60 kN/m、延伸率不超过 4%的双向玻纤土工格栅材料，避免含水量改变导致路基发生不均匀沉降，保证路基结构稳定。

（4）地下水位影响。地下水位高的路堤段应在清表处理后增设厚度 30～50 cm 的砂砾石垫层，并按照"垫层底面应高出边沟底面至少 70 cm"的要求加深路段边沟，便于垫层内的水顺利排出。垫层以上设计主要根据膨胀土类型及路基设计高度具体确定。地下水位高的路堑段应按照路床超挖 80 cm 的要求掺灰处理，并超挖 30～50 cm 后增设砂砾石垫层。还应在边沟以下增设 60 cm 宽、50 cm 深的碎石盲沟，外包反滤土工布，并将内径 15 cm 的高密度聚乙烯双壁打孔波纹管增设在盲沟底部。

（二）施工中应注意的事项

因膨胀土性质较为特殊，若在实际施工中未选择恰当的处理方法，在后续使用期间必然会出现病害问题。应提前了解当地气候条件，避免在雨水多的季节进行施工，且在路基填筑环节注意保持连续性，尤其要控制内部含水量，确保符合施工标准。在整个施工过程当中，路堑边坡占据十分重要的地位，需注意遵循自然原则，确保能够充分满足施工要求。与此同时，还需采取相应的支挡措施，注意实施防水处理，合理设置排水系统，防止施工过程中出现大量积水，影响施工质量。

膨胀土具有较强的胀缩性、超固性，而且受环境、大气等因素影响，其含水率会发生大幅度的变化，进而加大工程施工难度。所以，在实际设计公路工程膨胀土路基时，应提高对其特性的重视，根据实际情况，采取相应的防水、排水、加固措施，充分保障路基稳定性与安全性，确保公路工程整体质量。

第三章　挡土墙设计

第一节　挡土墙的用途、类型
及使用条件

一、挡土墙的用途

挡土墙是一种能够抵抗侧向土压力，防止墙后土体坍塌的建筑物。它被广泛用于公路、铁路、水利及其他土建工程。

挡土墙各部分的名称：靠回填土（或山体）一侧为墙背，外露一侧为墙面（也称墙胸），墙底与墙面的交线为墙趾，墙底与墙背的交线为墙踵，墙背与垂线的交角为墙背倾角。

在公路工程中，挡土墙的用途有：

（1）降低挖方边坡高度，减少挖方数量，避免山体失稳坍滑。

（2）收缩路堤坡脚，减少填方数量或减少拆迁和占地面积，保证路堤的稳定性。

（3）避免沿河路基挤缩河床，防止水流冲刷路基。

（4）防止山坡覆盖层下滑和抵抗滑坡。

设置于隧道洞口的洞口挡墙和设置于桥头的桥头挡墙（即桥台）也是挡土墙。

二、挡土墙的类型

按照墙的位置，挡土墙可分为路堑墙、路堤墙、路肩墙和山坡墙等类型。

按照墙体材料，挡土墙又可分为石砌挡土墙、砖砌挡土墙、混凝土挡土墙、钢筋混凝土挡土墙和木质挡土墙等类型。

按照墙的结构型式，挡土墙还可分为重力式挡土墙、衡重式挡土墙、半重力式挡土墙、悬臂式挡土墙、扶壁式挡土墙、拱式挡土墙、锚杆式挡土墙、锚碇板式挡土墙、带卸荷板的柱板式挡土墙、桩板式挡土墙和垛式（又称框架式）挡土墙等类型。其中，重力式挡土墙、衡重式挡土墙多用石砌（有的缺乏石料的地区用砖砌）；半重力式挡土墙用混凝土浇注，视需要也可在受拉区加少量钢筋，以节省圬工；其他类型多用钢筋混凝土就地制作或预制拼装。

三、挡土墙的使用条件

重力式挡土墙和衡重式挡土墙的特点是构造简单，断面尺寸较大，墙身较重，墙背侧向土压力主要由墙身自重来平衡。由于墙身重，故对地基承载力的要求也较高。半重力式挡土墙与重力式挡土墙相似，但因其整体强度较高，故墙身断面和自重相对较小。垛式挡土墙实际上是一种在用钢筋混凝土杆件装配的框架内填以土石的重力式挡土墙，但其构造较复杂，对杆件的设计、制作和安装要求较高。

由于构造上的特点，其他类型挡土墙的侧向土压力主要不是由墙身自重来平衡，加之墙身材料强度高、断面较小、自重较轻，可统称为轻型挡土墙。它们的受力特点因构造而异。悬臂式挡土墙由立壁、墙踵板和墙趾板构成"⊥"形刚构，其侧向土压力作用于立壁所产生的弯矩，由墙踵板上的填料重量作用于踵板所产生的反弯矩来平衡。扶壁式挡土墙与悬臂式挡土墙相似，扶壁（肋板）的作用是把墙面板和墙踵板直接联结起来，以起到加劲的作用。带卸荷板的柱板式挡土墙有一个由立柱、底梁和拉杆构成的三角形框架，它使由挡板传递给立柱的侧向土压力与卸荷板上填料的重量形成力系平衡，从而起到卸荷的作用。锚杆式挡土墙是通过锚杆把墙体与墙后的稳定地层联结起来，形成静力平衡体系，以维持墙的平衡。锚碇板式挡土墙类似于锚杆式挡土墙，其差别仅在于固定端采用锚碇板。桩板式挡土墙则主要利用其深埋的桩柱前地层所产生的被动土压力来平衡全墙侧向土压力。拱式挡土墙的侧向土压力由拱板传至立柱后，如立柱是采用深埋的桩柱，其受力特点近于桩板式挡土墙；如采用锚杆将立柱锚固在墙后的稳定地层，则与锚杆式挡土墙相似；如用锚碇板锚固，则类似于锚碇板式挡土墙；如土压力不大，采用重力式立柱，则与重力式挡土墙相仿。

石砌重力式挡土墙既可作路肩墙，又可作路堤墙或路堑墙，既可浆砌，又可干砌。但由于干砌挡土墙的整体强度较低，故只在基础情况良好的非地震区和不受河水冲刷的路段采用。

衡重式挡土墙因衡重台上填料附加重量的作用而具有较高的稳定性。同时，由于墙面陡直，下墙背仰斜，故可降低墙高，减小断面和基础开挖量。常用作陡坡路段的路肩墙和路堤墙，也可作路堑墙。

一般高度的路肩墙宜采用悬臂式挡土墙或拱式挡土墙，墙身较高（如 6 m 以上）时采用扶壁式挡土墙较为经济。一般高度的路堑墙宜采用带卸荷板的柱板式挡土墙，土压力大时亦可采用桩板式挡土墙，墙身过高（如超过 12 m）或基础开挖困难地段宜采用锚杆式。锚碇板式挡土墙宜用于路堤墙。垛式挡土墙可作路肩墙，也可作路堤墙。

由于重力式挡土墙易于就地取材、施工方法简单，目前在我国公路建设中使用最为普遍。其次是衡重式挡土墙。其他类型的挡土墙由于需要使用较多的水泥、钢材，一般只在缺乏石料的地区或确属工程需要时才使用。然而，由于这些挡土墙便于实现工业化生产，有利于提高劳动生产率，所以随着公路建设要求的不断提高和材料工业的不断发展，它们在公路工程中将被越来越多地使用。

第二节　挡土墙的布置与构造

一、挡土墙的设置场合

路基在遇到下列情况时可考虑修建挡土墙：

（1）路基位于陡坡地段或岩石风化的路堑边缘地段。

（2）为避免大量挖方及降低边坡高度的路堑地段。

（3）可能产生坍方、滑坡的不良地质路段。

（4）水流冲刷严重或长期受水浸泡的沿河路基地段。

（5）为节约用地、减少拆迁或少占农田的地段。

（6）为保护重要建筑物、生态环境或其他特殊需要的地段。

二、挡土墙的布置

挡土墙的布置，通常在路基横断面图和墙趾纵断面图上进行。布置前，应现场核对路基横断面图，测绘墙趾处的纵断面图，收集墙趾处的地质和水文等资料。

1.挡土墙位置的选定

路堑挡土墙大多数设在边沟旁。山坡挡土墙应考虑设在基础可靠处，墙的高度应保证墙后墙顶以上边坡的稳定。

　　当路肩墙与路堤墙的墙高或截面圬工数量相近、基础情况相似时，应优先选用路肩墙，按路基宽布置挡土墙位置，因为路肩挡土墙可充分收缩坡脚，大量减少填方和占地。若路堤墙的高度或圬工数量比路肩墙的显著降低，而且基础可靠时，宜选用路堤墙，并做经济比较后确定墙的位置。

　　沿河路堤设置挡土墙时，应结合河流情况来布置，注意设墙后仍保持水流顺畅，不致挤压河道而引起局部冲刷。

　　2.挡土墙的纵向布置

　　挡土墙纵向布置在墙趾纵断面图上进行，布置后绘成挡土墙正面图。布置的内容如下所述：

　　确定挡土墙的起讫点和墙长，选择挡土墙与路基或其他结构物的衔接方式。路肩挡土墙端部可嵌入石质路堑中，或采用锥坡与路堤衔接。与桥台连接时，为了防止墙后回填土从桥台尾端与挡墙连接处的空隙中溜出，需在台尾与挡土墙之间设置隔墙及接头墙。路堑挡土墙在隧道洞口应结合隧道洞门、翼墙的设置做到平顺衔接。与路堑边坡衔接时，一般将墙高逐渐降低至 2 m 以下，使边坡坡脚不致伸入边沟内，有时也可与横向端墙连接。

　　按地基及地形情况进行分段，确定伸缩缝与沉降缝的位置。

　　布置各段挡土墙的基础。墙趾地面有纵坡时，挡土墙的基底宜做成不大于5%的纵坡。但地基为岩石时，为减少开挖，可沿纵向做成台阶。台阶尺寸视纵坡大小而定，但其高宽比不宜大于 1：2。

　　布置泄水孔的位置，包括数量、间隔和尺寸等。在布置图上注明各特征点的桩号，以及墙顶、基础顶面、基底、冲刷线、冰冻线、常水位线或设计洪水位的高程等。

　　3.挡土墙的横向布置

　　横向布置宜选择在墙高最大处、墙身断面或基础形式有变异处，以及其他必须桩号处的横断面图上进行。根据墙型、墙高及地基与填料的物理力学指标等设计资料，进行挡土墙设计或套用标准图，确定墙身断面、基础形式和埋置深度，布置排水设施等，并绘制挡土墙横断面图。

4.平面布置

对于个别复杂的挡土墙，如高、长的沿河曲线挡土墙，应做平面布置，绘制平面图，标明挡土墙与路线的平面位置及附近地貌与地物等情况，特别是与挡土墙有干扰的建筑物的情况。

沿河挡土墙还应绘出河道及水流方向、防护与加固工程等。

在以上设计图纸上，可标写简要说明。必要时可另编设计说明书，说明选用挡土墙方案的理由、选用挡土墙结构类型和设计参数的依据、对材料和施工的要求、注意事项以及主要工程数量等，如采用标准图，应注明其编号。

三、挡土墙的构造

挡土墙的构造必须满足强度和稳定性的要求，尽量就地取材，保证结构合理，施工养护方便、安全。

常用的重力式挡土墙一般是由墙身、基础、排水设施、沉降缝与伸缩缝等部分组成。

1.墙身

（1）墙背

墙背是重力式挡土墙的墙背，可做成仰斜、俯斜、凸形折线和衡重式等形式。

仰斜墙背所受的土压力较小，故墙身断面较经济。用于路堑墙时，墙身与开挖面边坡较贴合，故开挖量与回填量均较小，但当墙趾处地面横坡较陡时，会使墙身增高，断面增大。故仰斜墙背适用于路堑墙及墙趾处地面平坦的路肩墙或路堤墙。仰斜墙背的坡度不宜缓于 1：0.3，以免施工困难。

俯斜墙背所受的土压力较大。在地面横坡陡峻时，俯斜式挡土墙可采用陡直的墙面，以减小墙高。俯斜墙背也可做成台阶形，以增加墙背与填料间的摩擦力。

　　凸形折线墙背系将仰斜式挡土墙的上部墙背改为俯斜，以减小上部断面尺寸，多用于路堑墙，也可用于路肩墙。

　　衡重式墙在上下墙之间设衡重台，并采用陡直的墙面，适用于山区地形陡峻处的路肩墙和路堤墙，也可用于路堑墙。上墙俯斜墙背的坡度为 1∶0.25～1∶0.45，下墙仰斜墙背的坡度为 1∶0.25 左右，上下墙的墙高比一般采用 2∶3。

　　（2）墙面

　　墙面一般均为平面，其坡度应与墙背坡度相协调。墙面坡度直接影响挡土墙的高度。因此，在地面横坡较陡时，墙面坡度一般为 1∶0.05～1∶0.20，矮墙可采用陡直墙面；地面平缓时，一般采用 1∶0.20～1∶0.35 较为经济。

　　（3）墙顶

　　浆砌挡土墙的墙顶宽度不小于 50 cm，干砌挡土墙的墙顶宽度不小于 60 cm。浆砌路肩墙墙顶一般宜采用粗石料或混凝土做成顶帽，厚 40 cm。如不做顶帽，路堤墙和路堑墙的墙顶应以大块石砌筑，并用砂浆勾缝，或用 M5 砂浆抹平顶面，砂浆厚 2 cm。干砌挡土墙的墙顶应用 M2.5 砂浆砌筑，以增加墙身稳定。干砌挡土墙的高度一般不宜大于 6 m。

　　（4）护栏

　　护栏的作用是保证交通安全，在地形险峻地段或过高过长的路肩墙的墙顶应设置护栏。

　　为保持土路肩最小宽度，护栏内侧边缘距路面边缘的距离，二、三级路不小于 0.75 m，四级路不小于 0.5 m。

　　2.基础

　　地基不良和基础处理不当，往往会引起挡土墙的破坏，因此必须重视挡土墙的基础设计，对地基的地质条件做详细的调查，必要时须先做挖探或钻探，然后确定基础类型与埋置深度。

　　（1）基础类型

　　绝大多数挡土墙都直接修筑在天然地基上。当地基承载力不足、地形平坦而墙身较高时，为了减小基底压应力和增加抗倾覆稳定性，常常将墙趾或墙踵部分加宽成台阶，或两侧同时加宽，以加大承压面积。加宽宽度视基底应力需要减少的程度和加宽后的合力偏心距的大小而定，一般不小于 20 m。台阶高度按加宽部分的抗剪、抗弯拉和基础材料的刚性角的要求确定（刚性角：浆砌片石 35°，混凝土 45°）。

当地基压应力超过地基承载力过多时，需要的加宽值较大。为避免加宽部分的台阶过高，可采用钢筋混凝土底板，其厚度由剪力和主拉应力控制。

地基为软弱土层（如淤泥、软勃土等）时，可采用砂砾、碎石、矿渣或灰土等材料予以换填，以扩散基底压应力，使之均匀地传递到下卧软弱土层中。一般换填深度与基础埋置深度之和不宜超过 5 m，对淤泥和泥炭等应更浅些。

当挡土墙修筑在陡坡上，而地基又为完整、稳固、对基础不产生侧压力的坚硬岩石时，可设置台阶基础，以减少基坑开挖和节省圬工。分台高一般约 1 m，台宽视地形和地质情况而定，不宜小于 0.2 m，高宽比可以采用 3∶2 或 2∶1。最下面一个台阶的底宽应满足偏心距的有关规定，不宜小于 1.5～2.0 m。

如地基有短段缺口（如深沟等）或挖基困难（如需水下施工等），可采用拱形基础，以石砌拱圈跨过，再在其上砌筑墙身。但应注意土压力不宜过大，以免横向推力导致拱圈开裂。设计时，应对拱圈予以验算。

（2）基础埋置深度

对于土质地基，基础埋置深度应符合下列要求：①无冲刷时，应在天然地面以下至少 1 m。②有冲刷时，应在冲刷线以下至少 1 m。③受冻胀影响时，应在冻结线以下至少 0.25 m；当冻深超过 1 m 时，采用 1.25 m，但基底应夯填一定厚度的砂砾或碎石垫层，垫层底面亦应位于冻结线以下不少于 0.25 m。碎石、砾石和砂类地基，不考虑冻胀影响，基础埋深不宜小于 1 m。

对于岩石地基，应清除表面风化层。当风化层较厚难以全部清除时，可根据地基的风化程度及其容许承载力将基底埋入风化层中。墙趾前地面横坡较大时，应留出足够的襟边宽度（趾前至地面横坡的水平距离），以防止地基剪切破坏。

当挡土墙位于地质不良地段，地基土内可能出现滑动面时，应进行地基抗滑稳定性验算，将基础底面埋置在滑动面以下，或采用其他措施，以防止挡土墙滑动。

3.排水设施

挡土墙应设置排水措施，以疏干墙后土体和防止地表水下渗，防止墙后积水形成静水压力，减少寒冷地区回填土的冻胀压力，消除黏性土填料浸水后的膨胀压力。

排水措施主要包括：设置地面排水沟，引排地面水；夯实回填土顶面和地面松土，防止雨水及地面水下渗，必要时可加设铺砌；对路堑挡土墙墙趾前的边沟应予以铺砌加固，以防边沟水渗入基础；设置墙身泄水孔，排除墙后水。

浆砌块（片）石墙身应在墙前地面以上设一排泄水孔。墙高时，可在墙上部加设一排汇水孔。汇水孔一般为 5 cm×10 cm、10 cm×10 cm、15 cm×20 cm 的方孔或直径为 5～10 cm 的圆孔。孔眼间距一般为 2～3 m，对于浸水挡土墙，孔眼间距一般在 1.0～1.5 m，干旱地区可适当加大，孔眼上下错开布置。下排排水孔的出口应高出墙前地面 0.3 m；若为路堑墙，应高出边沟水位 0.3 m；若为浸水挡土墙，应高出常水位 0.3 m。为防止水分渗入地基，下排泄水孔进水口的底部应铺设 30 cm 厚的黏土隔水层。泄水孔的进水口部分应设置粗粒料反滤层，以免孔道阻塞。当墙背填土透水性不良或可能发生冻胀时，应在最低一排泄水孔至墙顶以下 0.5 m 的范围内铺设厚度不小于 0.3 m 的砂卵石排水层。

干砌挡土墙因墙身透水，可不设泄水孔。

4.沉降缝与伸缩缝

为避免因地基不均匀沉陷而引起墙身开裂，应根据地质条件的差异和墙高、墙身断面的变化情况设置沉降缝。为了防止圬工砌体因收缩硬化和温度变化而产生裂缝，应设置伸缩缝。设计时，一般将沉降缝与伸缩缝合并设置，沿路线方向每隔 10～15 m 设置一道，兼起两者的作用，缝宽 2～3 cm，缝内一般可用胶泥填塞，但在渗水量大、填料容易流失或冻害严重地区，则宜用沥青麻筋或涂以沥青的木板等具有弹性的材料，沿内、外、顶三方填塞，填深不宜小于 0.15 m。当墙后为岩石路堑或填石路堤时，可设置空缝。

第三节　重力式挡土墙设计

一、挡土墙结构设计

挡土墙的截面尺寸一般按试算法确定，即先结合挡土墙所处的工程地质条件、填土性质、荷载情况以及墙身材料、施工条件等，根据规范中的构造要求及经验初步拟定截面尺寸，然后进行验算。如不满足要求，需修改截面尺寸，或采取其他措施，直到验算满足要求。挡土墙结构设计一般包括以下几个方面：

1.挡土墙高度

挡土墙高度一般由任务要求确定，即考虑墙后被支挡的填土呈水平时墙顶的高度。有时，对于长度很大的挡土墙，也可使墙顶低于填土顶面，而用斜坡连接，以节省工程量。

2.挡土墙的顶宽和底宽

一般毛石挡土墙顶宽不小于 400 mm，混凝土挡土墙顶宽不小于 200 mm。底宽由整体稳定性确定，一般为挡土墙高度的 0.5～0.7 倍。

3.基础埋深

重力式挡土墙的基础埋深应根据地基承载力、冻结深度、岩石风化程度等因素决定。在土质地基中，基础埋深不宜小于 0.5 m；在软质岩石地基中，基础埋深不宜小于 0.3 m。在特强冻胀、强冻胀地区，应考虑冻胀影响。

4.墙背的倾斜形式

当采用相同的计算指标和计算方法时，挡土墙背以仰斜时主动土压力最小，直立居中，俯斜最大。墙背倾斜形式应根据使用要求、地形和施工条件等因素综合考虑确定。

从挖方和填方要求来说，边坡适于挖方时，仰斜较合理，因为仰斜墙背可以和开挖的边坡紧密贴合；填方时如用仰斜墙，则施工比较困难，直立墙比较合理。

5.墙面坡度选择

当墙前地面陡时，墙面可取 1∶0.05～1∶0.20 仰斜坡度，亦可采用直立截面。当墙前地形较为平坦时，中、高挡土墙的墙面坡度可较缓，但不宜缓于 1∶0.4。

6.基底坡度

为增加挡土墙身的抗滑稳定性，基底可做成逆坡，但逆坡坡度不宜过大，以免墙身与基底下的三角形土体一起滑动。一般土质地基不宜大于 1∶10，岩质地基不宜大于 1∶5。

7.墙趾台阶

当墙高较大时，为了提高挡土墙抗倾覆能力，可加设墙趾台阶，墙趾台阶的高宽比可取 2∶1，墙宽不得小于 20 cm。

8.设置伸缩缝

重力式挡土墙应每间隔 10～20 m 设置一道伸缩缝。当地基有变化时，宜加设沉降缝。在挡土结构的拐角处，应采取加强构造措施。

二、挡土墙排水措施设计

如果挡土墙排水不良，雨水就会渗入墙后填土，使填土的抗剪强度降低，对挡土墙的稳定性不利。墙后积水还会产生静水压力和渗流压力，使作用于挡土墙上的总压力增加，对挡土墙的稳定性更不利。因此，在挡土墙设计时，必须采取排水措施。

1.截水沟

若挡土墙后有较大面积的山坡，则应在填土顶面，离挡土墙适当的距离设置截水沟，把坡上径流截断排除。截水沟的剖面尺寸要根据暴雨集水面积计算确定。截水沟出口应远离挡土墙。

2.泄水孔

应迅速排出已渗入墙后填土中的水。通常在挡土墙上设置排水孔,排水孔应沿横竖两个方向设置,其间距一般为2~3 m,排水孔外斜坡度应为5%,孔眼尺寸不宜小于100 m。泄水孔应高于墙前水位,以免倒灌。在泄水孔入口处,应用易渗的粗粒材料做滤水层,必要时做排水暗沟,并在泄水孔入口下方铺设黏土夯实层,防止积水渗入地基,影响墙体的稳定。墙前也要设置排水沟,在墙顶坡后,地面宜铺设防水层。

三、挡土墙填土质量

应尽量选择透水性较强的填料,如砂、碎石、砾石等。这类土的抗剪强度较稳定,易于排水。当采用黏性土作填料时,应掺入适当的碎石。在季节性冻土地区,应选择炉碴、碎石、粗砂等非冻结填料。不应采用淤泥、耕植土、膨胀土等作为填料。

四、重力式挡士墙的计算

1.抗滑移稳定性验算

在土压力作用下,挡土墙有可能基础底面发生滑移。抗滑力与滑动力之比称为抗滑移安全系数(K_s),按下式计算:

$$K_s = \frac{(G_n + E_{an})\mu}{E_{at} - G_t} \geqslant 1.3$$

$$G_n = G\cos\alpha_0$$

$$G_t = G\sin\alpha_0$$

$$E_{at} = E_a\sin(a - a_0 - \delta)$$

$$E_{an} = E_a\cos(a - a_0 - \delta)$$

式中，G 为挡土墙每延米自重，kN/m；a_0 为挡土去昂基底的倾角，（°）；a 为挡土墙墙背的倾角，（°）；δ 为土对挡土墙的摩擦角，（°）；μ 为土对挡土墙基底的摩擦系数，由试验确定。

若验算结果不满足要求，可选用以下措施来解决：①修改挡土墙的尺寸，增加自重以增大抗滑力；②在挡土墙基铺砂或碎石垫层，提高摩擦系数，增大抗滑力；③增大墙背倾角或做御荷平台，以减小土对墙背的土压力，减小滑动力；④加大墙底面逆坡，增加抗滑力；⑤在软土地基上，抗滑稳定性安全系数较小，采取其他方法无效或不经济时，可在挡土墙踵后加钢筋混凝土拖板，利用拖板上的填土重量增大抗滑力。

2.抗倾覆稳定性验算

对于基底倾斜的挡土墙，在主动土压力作用下可能绕墙趾向外倾覆，抗倾覆力矩与倾覆力矩之比称为抗倾覆安全系数 K_t，按下式计算：

$$K_t = \frac{Gx_0 + E_{ax}x_f}{E_{ax}z_f} \geq 1.6$$

$$E_{ax} = E_a \sin(a - \delta)$$

$$E_{az} = E_a \cos(a - \delta)$$

$$x_f = b - z\cot a$$

$$z_f = z - b\tan a_0$$

式中，z 为土压力作用点离墙基的高度，m；x_0 为挡土墙重心离墙趾的水平距离，m；b 为基底的水平投影宽度，m。

挡土墙抗滑验算能满足要求，抗倾覆验算一般也能满足要求。若验算结果不能满足要求，可伸长墙前趾，增加抗倾覆力臂，以增大挡土墙的抗倾覆稳定性。

第四节 轻型挡土墙设计

重力式挡土墙具有构造简单、施工方便和就地取材的优点，但其稳定性主要靠墙身自重保证，因而墙身断面较大、占地较多，不能充分发挥建筑材料的强度性能，也不易实现施工的机械化与工厂化。轻型挡土墙常由钢筋混凝土构件组成，墙身断面较小，墙的稳定性不是或不完全依靠本身重力维持，因而结构较轻巧、圬工量省、占地较少，有利于机械化施工。轻型挡土墙的类型很多，本节仅介绍加筋挡土墙、锚杆挡土墙和悬臂式挡土墙的形式和设计。

一、加筋土挡土墙设计

加筋土挡土墙由填料、填料中布置的筋带（或筋网）和面板三部分组成。它利用加筋与土体的摩擦作用，改善土体的变形条件，提高土体的工程性能，从而达到稳定土体的目的。它是法国工程师亨利·维达尔（Henri Vidal）在 1963 年发明的，主要用于挡土墙一类的土工建筑物。加筋土挡土墙具有以下特点：

（1）组成加筋土挡土墙的面板和筋带可以预先制作，使施工简便、快速，节省劳动力。

（2）加筋土挡土墙是柔性结构物，能够适应地基的轻微变形，具有较强的抗震能力。

（3）占地少，造型美观。

（4）造价比较低，与砌石重力式挡土墙相比，加筋土挡土墙的造价可节约 20%以上。

常见的加筋土挡土墙形式有以下几种：

（1）单面式加筋土挡土墙。

（2）双面式加筋土挡土墙。双面式加筋土挡土墙中又分为分离式加筋土挡土墙、交错式加筋土挡土墙及对拉式加筋土挡土墙。

（3）台阶式加筋土挡土墙。

（4）无面板加筋土挡土墙。

1.加筋土的基本原理

土质砂在自重或外力作用下易产生严重的变形或坍塌。若在土中沿应变方向埋置具有挠性的拉筋材料，则土与拉筋材料产生摩擦，使加筋土犹如具有某种程度的黏聚性，从而改良土的力学特性。其基本原理存在于拉筋与土之间的相互摩擦连接之中，一般可以归纳为两点：摩擦加筋原理和准黏聚力原理（莫尔-库仑理论）。

摩擦加筋原理认为，加筋土墙面板由筋带拉住，墙面板承受的土压力企图将筋带拉出，面筋带又被填土压住，土与筋带之间的摩擦力企图阻止筋带拉出。因此，只要筋带具有足够的强度并与土产生足够的摩擦力，加筋土体就能保持稳定。

准黏聚力理论认为，加筋土结构可以看作各向异性的复合材料，通常采用的拉筋的弹性模量远大于填土的模量，两者共同作用。由于填土的抗剪力、填土与拉筋的摩擦力及拉筋抗拉力的存在，加筋土的整体强度明显提高。

2.加筋土挡土墙的构造

加筋体墙面的平面线可采用直线、折线和曲线。相邻墙面的内夹角不宜小于70°。加筋体筋带一般应水平布设并垂直于面板，当一个结点有两条以上筋带时，应呈扇状分开。当相邻墙面的内夹角小于90°时，宜将不能垂直布设的筋带逐渐斜放，必要时在角隅处增设加强筋带。加筋体的横断面形式一般应采用矩形。断面尺寸由计算确定，底部筋带长度不应小于3 m。

浸水地区的加筋体采用渗水性良好的土作为填料，在面板内侧设置反滤层或铺设透水土工织物。季节性冰冻地区的加筋体宜采用非冻胀性土作为填料，否则应在墙面板内侧设置不小于0.5 m厚的砂砾防冻层。加筋体墙面下部应设宽不小于0.3 m、厚不小于0.2 m的混凝土基础，面板筑于砌石圬工或混凝土之上、地基为基岩的可不设。

对于一般土质地基，加筋体面板基础底面的埋置深度应不小于 0.6 m。当设置在岩石上时，应清除表面风化层。当风化层较厚难以全部清除时，可采用土质地基的埋置深度。浸水地区与冰冻地区的加筋体面板基础埋置深度按《公路桥涵地基与基础设计规范》（JTG 3363—2019）的有关规定确定。

在季节性冰冻地区，当基础埋深小于冻结线时，基底至冻结线范围内的土应换填非冻胀性的中砂、粗砂、砾石等粗粒土。其中，粉粒、黏粒含量不应大于 15%。斜坡上的加筋体应设宽度不小于 1 m 的护脚，加筋体面板基础埋置深度从护脚顶面算起。

软弱地基上的加筋土工程，当地基承载力不能满足要求时，应进行地基处理。可选用换填砂砾（碎）石垫层、挤密桩（砂桩、石灰桩、碎石桩）、抛石挤淤、土工织物等方法处理。当加筋体背后有地下水渗入时，可设置通向加筋体外的排水层。排水层采用砂砾，其厚度不小于 0.5 m。

当加筋体顶面有渗水可能时，要采用防渗封闭措施。非浸水加筋土工程，当基础埋深小于 1.0 m 时，要在墙面地表处设置宽为 1.0 m 的混凝土或浆砌片石散水，其表面做成向外倾斜 3%～5%的横坡。

加筋土挡土墙应根据地形、地质、墙高等条件设置沉降缝，其间距对于土质地基为 10～30 m，岩石地基可适当增大。当设置整体式路檐板时，应酌情设置伸缩缝，其间距一般与沉降缝一致。沉降缝、伸缩缝的宽度一般为 1～2 m，可采用沥青板、软木板或沥青麻絮填塞。

加筋土挡土墙高度大于 12 m 时，应慎重选择填料。墙高的中部宜设宽度不小于 1 m 的错台。墙高大于 20 m 时，应进行特殊设计。错台顶部设坡度为 20%的排水横坡，采用混凝土板防护；当采用细粒填料时，上级墙的面板基础下宜设置宽不小于 1.0 m、高不小于 0.5 m 的砂砾或灰土垫层。

加筋土桥台类型分为整体式、内置组合式和外置组合式。整体式桥台适用于台高不大于 6 m 且跨径不大于 10 m 的梁（板）式桥。

二、锚杆挡土墙设计

锚杆挡土墙是由钢筋混凝土墙面（肋柱、面板）和锚杆组成的支挡结构，它依靠锚固在稳定岩土层内锚杆的抗拔力平衡墙面处的土压力。锚杆的设计拉拔力可由抗拔试验获得，以保证设计有足够的安全度。使用锚杆技术的优点是：对边坡的扰动较小；预应力锚杆可控制结构的变形。近年来，锚杆技术发展迅速，在边坡支护、围岩锚定、滑坡整治、洞室加固、高层建筑基础锚固等工程中得到广泛应用，具有实用、安全、经济的特点。

1.锚杆挡土墙的类型及特点

锚杆挡土墙的结构形式有柱板式、板肋式、格构式和垂直预应力锚杆等。可根据地质及工程具体情况，选用锚杆挡土墙的结构形式。根据地形、岩层地质可采用单级或多级锚杆挡土墙。

（1）柱板式锚杆挡土墙

柱板式锚杆挡土墙由肋柱、挡土板和灌浆锚杆组成，可采用拼装式，也可以就地灌筑。为便于施工，一般为直立式。

①柱板式锚杆挡土墙各构件的构造

a.灌浆锚杆。灌浆锚杆俗称"大锚杆"，孔径为 $100\sim150$ mm，采用钻机钻孔，孔内安放钢筋或钢丝束，用灌注水泥砂浆的方法，使其锚固于稳定的地层内。水泥砂浆的强度等级一般不低于 M30。灌浆锚杆也可用于土层。但由于土层与锚杆间的握裹力较低，还需采用扩孔和加压灌浆等方法，以提高锚杆的抗拔力。

b.肋柱。肋柱的截面多为矩形，也可设计为 T 形。为安放挡土板和设置锚杆孔，截面的宽度不宜小于 30 cm，现浇时截面高度不宜小于 40 cm。

c.挡土板。挡土板可采用钢筋混凝土槽形板、空心板和矩形板。矩形板的厚度一般不得小于 15 cm，现浇时不宜小于 20 cm。挡土板两端与肋柱的搭接长度不得小于 10 cm。

d.锚杆与肋柱的连接。当肋柱为就地灌筑时，必须将锚杆钢筋伸入肋柱内，其锚固长度应满足《混凝土结构设计规范》（GB 50010—2010）的规定。当采用拼装时，锚杆和肋柱之间可采用螺栓连接或焊接短钢筋连接，现浇可采用设置弯钩的连接方式。

②结构的特点

此结构能争取边坡高度，减少土石方开挖和占地，节省石料。预制柱板式锚杆挡土墙因每一级墙需一次挖成，故适用于岩层应比较完整、不易坍塌的地段，开挖后要及时施工。

（2）板肋式锚杆挡土墙

现浇钢筋混凝土板肋式锚杆挡土墙，由带竖肋的板和灌浆锚杆组成。竖肋可朝里，也可向外。板肋式锚杆挡土墙适用于挖方地段，当开挖后边坡稳定性较差时可采用"逆作法"施工，即开挖到一定深度，施工锚杆，绑扎钢筋，墙面板浇筑混凝土。待每一层结构达到一定强度后再开挖下一层，重复各步骤。

（3）格构式锚杆挡土墙

格构式锚杆挡土墙由现浇网状的钢筋混凝土格架梁和灌浆锚杆组成。稳定性和整体性较好的岩石边坡，墙面可采用垂直的形式。墙面后仰型可用于各类岩石边坡和稳定性较好的土质边坡。根据边坡岩土条件及整体稳定状态，可采用网喷混凝土封面或绿化处理。当开挖后边坡稳定性较差时，可采用"逆作法"施工。

（4）垂直预应力锚杆挡土墙

垂直预应力锚杆挡土墙由圬工墙身和预应力锚杆组成。它借助于锚杆预应力对墙身施加的压力代替墙身圬工的重力，从而减少墙身的断面尺寸。

垂直预应力锚杆挡土墙具有节省圬工、造价低廉和施工简便等优点，适用于墙身所受推力较大的岩石地基和挡土墙变形需要严格控制的地段。锚杆的预应力也可增大滑面或破裂面上的静摩擦力。

2.锚杆挡土墙的布置

锚杆挡土墙可分为直立式或向山体倾斜式，有单级和多级两种。

　　锚杆挡土墙根据地形可采用单级或多级。在多级墙的上、下两级墙之间可设置平台，平台宽度不宜小于 2 m。预制柱板式锚杆挡土墙每级墙高度不宜大于 8 m，具体高度可视地质、地形和施工条件而定，总高度不宜大于 18 m。

　　柱板式和板肋式锚杆挡土墙的肋柱间距根据土压力大小和锚杆的抗拔力而定，预制构件还应考虑工地的起吊能力，柱板式锚杆挡土墙的肋柱间距一般为 2～3 m。肋柱可采用预制单根整柱，也可采用分段拼装或就地灌筑。板肋式锚杆挡土墙肋柱的间距一般为 3～8 m。格构式锚杆挡土墙的间距一般为 3～5 m。

　　每级肋柱上的锚杆层数，可设计为一层或多层。锚杆可按弯矩相等或支点反力相等的原则布置，为了防止出现"群错"现象，上下排间距不宜小于 2.5 m，水平间距不小于 2 m。锚杆层数为两层时，一般按照两个支点弯矩相等的原则布置。如果锚杆层数大于两层，可按各支点处弯矩相近的原则布置，由此确定的肋柱截面比较经济。如果按各点反力相等的原则布置锚杆，则锚杆的用料比较经济。

　　每层锚杆宜向下倾斜，锚杆轴线与水平面夹角小于 $10°$ 后，锚杆外端灌浆饱满度难以保证，因此夹角一般不宜小于 $10°$。由于锚杆水平抗拉力等于拉杆强度与锚杆倾角余弦值的乘积，锚杆倾角过大时，有效水平拉力下降过多，同时将对锚肋作用较大的垂直分力。该垂直分力在肋柱基础设计时不能忽略。每层锚杆与水平面的夹角宜为 $15°$～$20°$。

三、悬臂式挡土墙设计

　　悬臂式挡土墙是一种轻型支挡建筑物，由立壁和底板组成，具有 3 个悬臂，即立壁、趾板和踵板，同时固定在中间夹块上。它依靠墙身自重和墙底板以上填筑土体（包括荷载）的重力维持挡土墙的稳定。其主要特点是厚度小、自重轻、挡土高度较高、经济指标比较好，适用于石料缺乏和地基承载力较低的填方地段。悬臂式挡土墙构造简单，施工方便，能适应较松软的地基，墙高一般在 6～9 m。当墙高较大时，立壁下部的弯矩大，钢筋与混凝土的用量剧增，影响锚杆挡土墙的经济效果，此时可采用悬臂式挡土墙。

悬臂式挡土墙的构造：

（1）立壁

悬臂式挡土墙由立壁、墙趾板和墙踵板三部分组成。为便于施工，立壁内侧（即墙背）做成竖直面，外侧（即墙面）可做成 1∶0.02～1∶0.05 的斜坡。具体坡度值根据立壁的强度和刚度要求确定。当挡土墙墙高不大时，立壁可做成等厚度。墙顶的最小厚度为 20 m。当墙高较高时，应该在立壁下部将截面加厚。

（2）墙趾板和墙踵板

墙趾板和墙踵板一般水平设置。通常做成变厚度，底面水平，顶面则从与立壁连接处向两侧倾斜。当墙身受抗滑稳定控制时，多采用凸榫基础。

墙踵板长度由墙身抗滑稳定验算确定，它具有一定的刚度。靠立壁处厚度一般取墙高的 1/12～1/10，且不应小于 30 cm。墙趾板的长度应根据全墙的倾覆稳定、基底应力和偏心距等条件确定，其厚度与墙踵板相同。通常底板的宽度 B 由墙的整体稳定性决定，一般可取墙高的 0.6～0.8 倍。当墙后为地下水位较高且地基承载力很小的软弱地基时，B 值可能增大到 1 倍墙高或者更大。

（3）凸榫

为提高挡土墙抗滑稳定性，底板可设置凸榫。凸榫的高度，应使凸榫前土体的被动土压力能够满足全墙的抗滑稳定性要求。凸榫的厚度要满足混凝土的抗剪和抗弯的要求，为了便于施工，不应小于 30 m。

第四章 路基防护工程

第一节 路基边坡防护

一、边坡与边坡工程防护

（一）边坡

边坡是道路两旁有一定倾斜度的坡体，坡体分土坡与岩坡两种。边坡大多是人工建设而成的。

1.边坡的分类

边坡的种类诸多，内业人士常会根据自身需求的不同对其进行不同的分类。大体上，边坡可分为以下几种类型：

（1）土质边坡。土质边坡可分为纯粹的土质边坡和类土质边坡。

（2）岩质边坡。边坡岩石的结构：大面积完整的岩石覆盖住碎小的岩石。

（3）类土质路堑边坡。类土质路堑边坡的结构：边坡外层的土壤比较多，松散的土壤会洒落在边坡边缘，复杂的边坡会逐渐平整。

2.边坡的主要破坏类型

在施工之前，如果周围很多地方长时间受到雨水的冲击、自然灾害以及人工开采等方面的影响，那么边坡的地理位置也会因为这些因素改变，致使边坡土壤的质量大大降低，稳定性也不是很高。土壤质量不高、边坡稳定性减弱，不仅会导致植被的存活率下降，还会间接造成泥石流、山体滑坡等重大灾害，对社会大众造成巨大的人身安全威胁。所以，防护人员在进行防护工作时，必须先对边坡稳定性进行调查。

由于各种边坡的土壤成分差异巨大，土质边坡与岩质边坡所造成的危害也会呈现出不同的形式。土质边坡受到破坏的类型比较特殊，根据损失规模，可划分为整体边坡失稳和边坡表层破坏，前者又分为坍塌、崩毁。无论是哪种坡面受到冲击或破坏，只要边坡破坏范围在 2 m 内的都被称为浅表层破坏，而深层次破坏通常都是在 5 m 内。这两种层次的破坏都会对边坡造成巨大的伤害，因此道路建设施工组织在实际施工时一定要注意避免出现意外事件。

3.影响边坡稳定性的主要因素

边坡防护人员在进行植被种植时必须对边坡的稳定性有充分的了解，因为边坡的稳定性对植被生长有较大的影响。若稳定性过低，植被的根就无法深扎在土壤中。所以，找出影响边坡稳定性的诸多因素是非常有必要的。

影响边坡稳定性的因素大致分为内、外两个方面，它们是相互制衡、相互影响的，任何一方发生变化都会对另一方造成一定的影响。内在因素作为直接影响边坡稳定性的因素，有较强的控制性。内在因素的细微变化都会成数倍地放大对边坡造成影响。外在因素会在内在因素的基础上将边坡的稳定性直接降低。内在因素和外在因素都会对边坡的稳定性产生影响。

（1）岩土体类型和性质。边坡上的土壤结构和成分，以及岩石的种类、分布和密度都会对边坡的稳定性造成巨大的影响。岩体密度大、硬度强、抗腐蚀能力强、分布集中，可以在很大程度上保证边坡的稳定性。

（2）岩体结构。长期的雨水冲刷会致使岩体的结构发生重大变化，在频繁地经受雨水冲刷后，岩体会出现变形、部分脱落、分散的现象，这些现象是岩体结构变化的直接外在表现形式，而对边坡稳定性构成威胁的主要还是岩体的分布、密度和数量。

（3）地质结构。地质结构很复杂，同时也包含很多影响因素，如地区的地形、边坡土壤的类型、岩体的结构、岩体运动等。地质结构中的任何一项因素都会对边坡稳定造成巨大的影响。

（4）地应力。地应力主要是对边坡岩体的变形、脱落、裂缝等与岩体运动发育相关的行为有较为紧密的影响。受地应力的影响，边坡结构变得非常复杂，在边坡会出现地应力聚集或受到地面的影响时，地面不能承载岩体的重量时，就会出现边坡坍塌、崩塌现象。

（5）水文地质作用。根据相关部门的统计，我国的山体滑坡、泥石流大多出现在雨季。边坡受雨水的频繁冲刷，使大量的水积压在边坡的各岩体之间，长时间的浸泡致使岩体的强度不断下降，岩体逐渐被软化。在此情况下，水压升高，地表水在土壤中的渗透给岩体提供了强大的动水力，边坡的水位不断上涨，逐渐形成力度较小的水浮力，促使岩体的基本位不断提高，继而出现山体滑坡现象。这都是由于边坡稳定性较差。这就直接论证了水对边坡的稳定性也会构成较大的威胁。

（6）地形地貌与坡形。不同的斜坡形态会在不同程度上对斜坡的变形程度和变形方式起到影响作用。倾斜度不大，且岩体相应地会有较强附着力的边坡，其稳定性会比较高，出现突发事件的概率会降低。

（7）岩石风化程度。岩体的强度并不是恒久不变的，而是会受雨水、大风的影响，呈现出不同的强度数值。长期经受雨水浸泡、冲刷及大风腐蚀，岩石的强度会不断下降，继而出现破损、脱落等情况，待其发展到一定程度会就会引发泥石流、边坡坍塌、山体滑坡等紧急事件。

4.边坡冲刷机理

边坡冲刷主要涉及雨水浸泡与表层雨水冲刷引起的岩体强度减弱、岩体变形、破碎石子积压等问题。雨水的溅蚀作用具体体现在以下三个方面：

（1）雨水对边坡表层的冲刷，致使岩体松软、变形，土壤质量变差，给径流运动提供了大量的破损小石子。

（2）雨水对边坡沟渠的冲击，致使地表下的各个径流流向错综复杂，大量的因风化后脱落的细小石子被径流冲刷走，提高了边坡坍塌现象出现的频率。

（3）大量雨水的强力冲击，会使土壤被溅起，形成泥浆，从而使雨水无法全部渗透到地表，残留部分雨水于边坡表层，逐渐形成径流，加剧对边坡的损害。例如，在雨水的冲击下，道路两旁的边坡的土壤不断被侵蚀，土壤质量急剧下降，土壤不断流失。

（二）边坡工程防护

1.边坡工程防护的类型

边坡工程防护有很多种类型，起到的作用也都不一样，主要包括锚杆框架梁、菱形骨架、喷锚坡面、抗滑桩、人字形骨架、A 型护面墙、拱形骨架等。国内的边坡防护大致分为两类：一是坡面防护，二是支挡结构防护。坡面防护主要在岩体脱落、破损，出现大量的细小石子的情况下使用。当边坡稳定性较差时，需要使用支挡结构防护。坡面防护涉及涂面、铺盖面、喷洒等多种防护形式。

边坡表层防护主要是针对长期受雨水冲刷、风化的岩体，如片岩、石子、灰土等形式的道路边坡，因长期暴露在空气中，受风化而脱落的可能性比较大。一般情况下，这类岩体在受风化后，表面一层基本上都是薄薄的浮灰。现阶段国内常使用的岩体表层防护材料是石灰粉、水泥、沙子等，材料涂抹的厚度一般在 3～7 cm，其有效期在 6～8 年。边坡防护人员常在防护材料之上涂抹一层沥青作为保护膜，延长材料的使用时间。捶面防护与抹面防护类似，使用的材料都差不多，如石灰、水泥混凝土等。这些材料有一定的厚度，能达到保护的目的，还可以防御暴风暴雨的冲刷。砂浆、水泥等防护材料比较适合岩体断裂、出现间隙、边坡倾斜度不大、岩体破损严重的情况。

另外，砌石防护包括干砌片石防护、浆砌片石防护，护面墙防护比较适合云母岩石、绿泥岩石、泥质岩石等容易受风化影响的岩体。

2.边坡工程防护的措施

边坡工程防护主要运用建筑材料或其他坚硬的化工产品在路基周围铺设一条道路，或运用这些建设成道路防护网。运用这些材料进行边坡工程防护，在一定程度上减轻了自然灾害对路基的损害，减缓了路基质量的下降程度。边坡工程防护主要包括抹面防护、喷浆和喷射混凝土防护、护面墙防护、浆砌片石防护、干砌片石防护、水泥混凝土预制块防护等。

（1）抹面防护

抹面是将二合土（石灰、炉渣）、三合土（水泥、石灰、炉渣）或水泥砂浆均匀地摊在路基边坡，经压实、提浆、抹光后形成的一种边坡防护层。该种防护措施适用于各种易风化但尚未严重风化的岩石边坡。常用的抹面材料主要有石灰浆等，抹面的厚度不宜超过 30 mm，表层可涂软化点稍高于当地气温的沥青保护层，抹面防护使用年限为 8～10 年，高速公路路基边坡不宜采用抹面防护。

（2）喷浆和喷射混凝土防护

对于坚硬易风化但是未严重风化的岩石边坡，为防止进一步风化，可在坡面上喷射一层水泥砂浆，形成保护层。喷浆可用于高而陡的边坡，但所防护的坡面必须干燥和坚硬，地下水发育或成岩作用差的黏土岩边坡不宜使用，喷浆防护厚度不宜小于 50 mm，采用砂浆强度不应低于 M10，喷射混凝土防护的厚度不宜小于 80 mm，混凝土强度不应低于 C15，喷浆和喷混凝土防护坡面应设置泄水孔和伸缩缝。

喷射混凝土法分为素喷法和锚喷法。素喷法为直接将高标号砂浆喷射在大致平整的岩面上，使坡面易松散的颗粒得以稳固，保证行车及行人的安全。素喷法用于表层易松散的风化岩面。锚喷法的工作原理是利用锚杆将滑动体固定在山体上，以锚杆约束山体的滑动，并在滑动体表面锚头上加挂钢筋网，喷射混凝土，在滑动体表面形成钢筋混凝土板体结构，这样可以将松散的岩石固定为一个整体，以达到彻底根治滑坡的目的。锚喷法适用于大部分岩石土和碎石土等地质结构山体和易产生滑坡的地段，它可预防早期滑坡的产生。只要产生滑动的区域面积不是很大，滑动层不是很厚，都可以采用此方法。喷射混凝土护坡在具有重量轻、能够防止风化、施工简单等优点的同时，也具有费用高、厚度难控制等缺点。

（3）护面墙防护

护面墙防护适用于防护易风化或风化严重的软质岩石或较破碎岩石的挖方边坡，以及坡面易受侵蚀的土质边坡，边坡不宜陡于 1：0.5。护面墙的类型应根据边坡地质条件确定，窗孔式护面墙防护的边坡不应陡于 1：0.75，拱式护面墙适用于边坡下部岩层较完整而上部需防护的路段，边坡应缓于 1：0.5，单级护面墙的高度不宜超过 10 m，并应设置伸缩缝和泄水孔。护面墙的基础应设置在稳定的地基上，埋置深度应根据地质条件确定，冰冻地区应埋置在冰冻深度以下不小于 250 mm 处，护面墙前趾应低于边沟铺砌的地面。

（4）浆砌片石防护

浆砌片石防护适用于坡度缓于 1：1 的易风化的岩石和土质路堑边坡，或易受水侵蚀的土质边坡，浆砌片石护坡的厚度不宜小于 250 mm，砂浆强度不应低于 M5，应设置伸缩缝和泄水孔。浆砌片石设置在浸水路堤及可能发生坡面被冲刷的土质边坡，应做好排水与防护的结合，否则不宜采用。当水流速度较大时（如 4～5 m/s），波浪作用较强，以及河流可能有流木及其他撞击物等冲击作用时，宜采用浆砌片石防护，必要时可与浸水挡墙或护面墙同时设置。浆砌片石护坡的优点是耐久性较好，适宜防护不同控制边坡中的岩土层和不同位置的边坡，且造价适中，故适用于上下边坡中的一般坡面。

（5）干砌片石防护

当边坡为缓于 1：1.25 的土质或土夹石边坡，较软的土质路基边坡因雨水冲刷会发生泥流、拉沟与小型溜坍，或有严重剥落的较质岩层边坡，周期性浸水的河滩等均可采用干砌片石防护。干砌片石防护厚度不宜小于 250 mm。干砌片石防护可有效地防止雨水或地面水流的冲刷，采用干砌片石结构，不仅能够节省费用，而且可以适应边坡的较大变形。但干砌片石受水流冲击时，细小的颗粒容易被流水冲刷带走，从而引起大的沉陷。干砌片石应使用不易风化的坚硬岩石。

（6）水泥混凝土预制块防护

有些地区缺乏片石、块石材料，可选择水泥混凝土预制块防护。它比浆砌片石防护更能抵抗较大的水流速度和波浪的冲击（其容许水流速度在 4～8 m/s 以上，容许波浪高度可在 2 m 以上），还能抵抗较强的冰压力。水泥混凝土预制块可制成边长不小于 1 m、厚度大于 6 cm 的方块，并配置一定的钢筋。为了减小水流或波浪对预制块的冲击与上浮力，在预制板块时可留出整排的孔眼。

　　3.边坡工程防护的缺点

　　较之其他各国，我国在边坡防护方面起步比较晚，且在发展的初期，由于社会各界对边坡防护的认识度不是很高，国家在此方面投入的资金非常有限，致使我国的边坡防护发展较为缓慢，不管是在防护技术，还是在防护理念、防护工程项目的规模上都与西方发达国家有巨大的差距，所使用的防护技术、方法还比较传统，并未从边坡防护技术发展较好的国家中引进科学的防护技术。虽然当时使用的防护材料在防护工作中取得了较为不错的成绩，但是随着道路建设施工技术的不断改变，防护材料对边坡影响的差异化也越来越大，传统的防护材料已经很难满足现代化防护工作的需求，而仅仅以一种防护方法来治理边坡是严重不科学、不合理的。

　　（1）地貌破坏，植被难以恢复，造成大量水土流失

　　国内诸多道路建设工程项目的标准施工计划中并未对边坡防护有明确的提及，大部分的施工行为会严重破坏边坡环境，使植被赖以生存的环境被打破，从而致使各种植被无法正常生长，这也是为什么边坡上植物的存活率一直低下的重要原因。且由施工行为造成的边坡生态环境破坏并不会随着时间的流逝而逐渐恢复，诸多的边坡防护仅仅是将一些稻草、树皮直接铺设上去，对植物的生长环境并没有多大的意义，这种防护方法根本不能从根源上解决问题。若不改进植物种植防护方式，势必会导致水土流失的现象发生，继而会对周边土地有一定的影响。

　　（2）采用刚性防护，边坡长期稳定性降低

　　采用工程防护增强方案，对边坡具有良好的维持和闭塞效果。但是，随着时间的延长，岩石会慢慢风化，混凝土也会慢慢松弛炸裂，钢筋慢慢出现锈蚀，没有了之前的硬度，产生的效果也会慢慢变差，如果出现炸裂，防范作用会快

速降低。

二、路基坡面防护措施分析

路基施工过程中，由于某些土质、软质岩石及不良地层易受雨雪浸泡和冰冻胀融等影响，造成路基软化、边坡塌陷或大面积滑坡，需花费较多的时间和较大的投入进行整治，所以应采取有效的防护与加固措施，确保护坡工程质量。路基坡面防护措施有很多，这里主要讨论植物防护、骨架植物防护、圬工防护以及封面与捶面防护等方法。

（一）植物防护

1.植被防护

植被防护一般采用种草、铺草皮和植灌木等方式。种草防护可以防止表面水土流失，固结表面，增强路基的稳定性。铺草皮防护适用于坡面缓于 1∶1，各种土质边坡及严重风化的软质岩石边坡，铺设时应由脚下向上铺钉。

2.三维植被网防护

三维植被网防护是土工织物复合植被防护坡面的一种典型形式。三维植被网以热塑料树脂为原料，采用科学配方及工艺制成。另外，三维网固定于坡面上，直接对坡面起固筋作用。当植物生长茂盛后，根系与三维网盘错、连接在一起，坡面与土相接，形成一个坚固的绿色保护整体，起到复合护坡的作用。

3.湿法喷播

湿法喷播适用于土质边坡、土夹石边坡、严重风化岩石边坡，坡率缓于 1∶0.5。该法不适用于硬质岩石边坡。湿法喷播是将植物种子、肥料、土壤稳定剂和水按一定比例混合均匀，用专门的设备（喷播机）喷射到边坡上，种子在较短的时间内萌芽、生长成株、覆盖坡面，达到迅速绿化、稳固边坡的目的。

4.客土喷播

客土喷播是将客土（提供植物生育的基盘材料）、纤维（基盘辅助材料）、侵蚀防止剂、缓效肥料和种子按一定比例加入专用设备中充分混合后，用喷射机均匀喷涂到坡面上，使植物获得必要的生长基础，达到快速绿化的目的。客土喷播主要用于岩石边坡、贫瘠土质和硬土边坡，其主要目的是保护边坡的稳定、安全，同时又能最大限度地恢复自然生态。

（二）骨架植物防护

1.浆砌片石或水泥混凝土骨架植草防护

浆砌片石或水泥混凝土骨架植草防护适用于土质和强风化岩石边坡，防止边坡受雨水侵蚀，避免土质坡面上产生沟槽。其结构形式主要有方格形、人字形、拱形及多边形混凝土空心块等。常用的骨架防护边坡是在骨架内铺草皮或用三合土、四合土捶面，或干砌卵石进行防护。浆砌片石（混凝土块）骨架植草防护既可稳定路基边坡，又能节省材料，造价较低、施工方便、造型美观，能与周围环境自然融合，是目前高速公路边坡防护的主要形式之一，已被广泛推广应用。

2.水泥混凝土空心块护坡

水泥混凝土预制块应验收合格后才可使用，铺置前应将坡面整平，铺置在路堤沉降稳定后方可施工。铺置时预制块应与坡面紧贴，不得有空隙，并与相邻坡面平顺。

3.锚杆混凝土框架植草防护

锚杆混凝土框架植草防护具有锚杆对风化碎岩石边坡的主动加固作用，防止了岩石边坡经开挖卸荷和爆破松动而产生的局部破坏，并且造型美观，便于绿化。锚杆混凝土植草防护形式有锚杆混凝土框架+喷播植草、锚杆混凝土框架+挂三维土工网+喷播植草、锚杆混凝土框架+土工格室+喷播植草、锚杆混凝土框架+混凝土空心块+喷播植草等。

（三）圬工防护

圬工防护用于路堑边坡防护时，应注意与边坡渗沟或排水孔配合使用，防止边坡产生变形破坏。圬工防护施工时应注意与周围环境的协调。

1.喷浆防护

喷浆防护适用于边坡易风化、裂隙和节理发育、坡面不平整的岩石路堑边坡，且边坡较干燥，无流水浸入。对于高而陡的边坡，当需大面积防护时，采取此类型更为经济。喷浆防护前应采取措施对泉水、渗水进行处治，并按设计要求设置泄水孔以排、防积水。喷射顺序应自下而上。喷浆防护边坡常用机械喷护法施工，将配制好的砂浆（混凝土）用喷射机（或水泥枪）喷射于坡面上，由于喷射产生一定的压力，提高了保护层与坡面间的黏聚力及保护层的强度。喷浆施工严禁在结冰季节或大雨中进行作业。

2.喷射混凝土防护

喷射混凝土厚度不宜小于 80 mm，应根据厚度分 2～3 层喷射。喷浆厚度不宜小于 50 mm。施工作业前应通过试喷，选择合适的水灰比和喷射压力，以保证喷射坡面的质量。喷射混凝土自下而上进行，喷射前应先做好泄水孔和伸缩缝。

3.锚杆挂网喷射混凝土（砂浆）防护

当坡面岩体风化破碎严重时，为了加强防护的稳定性，则采用锚杆挂网喷浆（混凝土）防护。锚杆应嵌入稳固基岩中，锚杆锚固深度及铁丝网孔密度视边坡岩石性质及风化程度而定。锚杆宜用 1∶3 水泥砂浆固定。铁丝网应与锚杆连接牢固。

4.干砌片石护坡

干砌片石护坡适用于坡度缓于 1∶1.25 的土质路堑边坡或边坡易受地表水冲刷以及有少量地下水渗出的地段。边坡为粉质土、松散的砂或粉砂土等易被冲蚀的土时，碎石或砂砾垫层厚度不宜小于 100 mm。

5.浆砌片（卵）石护坡

浆砌片石护坡适用于坡度缓于 1∶1 的易风化的岩石边坡以及坡面防护采用干砌片石不适宜或效果不好的边坡。对于严重潮湿或严重冻害的土质边坡，在未采取排水措施以前，则不宜采用浆砌片石护坡。在冻胀变形较大的土质边坡上，浆砌片石护坡底面应设 100～150 mm 厚的碎石或砂砾垫层。浆砌片石护坡在路基沉降稳定后施工。

6.水泥混凝土预制块护坡

水泥混凝土预制块护坡宜用于缺乏石料地区、城郊地区或互通式立交等需要美化的路段。路堤边坡护坡宜在路堤沉降稳定后施工。铺设混凝土预制块前应将坡面平整，碎石或砂砾垫层的厚度不宜小于 100 mm。预制块应错缝砌筑，砌筑坡面应平顺，并与相邻坡面顺接。

7.浆砌片石护面墙

护面墙有实体护面墙、窗孔式护面墙、拱式护面墙及肋式护面墙等，应根据坡面地质条件合理确定。护面墙在高速公路路堑边坡防护中应用比较普遍，且边坡稳定，效果较好。在坡体有地下水的路段，应采取有效排水措施，设置并施工好倾斜排水孔或边坡渗水沟。泄水孔宜在墙身上下左右每隔 3 m 设一个，在泄水孔后面用碎石和砂砾做反滤层。

（四）封面与捶面防护

封面防护适用于未经严重风化的各种易风化岩石的路堑边坡，如页岩、泥岩、泥灰岩、千枚岩等；捶面防护适用于边坡率缓于 1∶0.5，易受冲刷的土质边坡或易风化剥落的边坡。

三、边坡生态防护

（一）生态防护的概念

在参照生态环境保护的基本理念与生态多样性生长的基本原理下，自然生长环境下的植被具备明显的特征：多样化的组成、错综复杂的结构。随着社会大众生态环境保护意识的逐渐增强与对自然植被了解的深入，植被种植防护方式逐渐成为主流边坡防护方式。而道路建设工程项目中植被保护的组合应该是多层面、多类型与分时间段的，防护工程项目应根据植物在不同阶段的外在表现，加之施工建设的现场环境，选择出适合地区植被生长的防护方案。虽然，边坡防护在全球范围内的发展周期较为长久，各国学者都对该方面进行了大量的调查研究，但是截至目前世界各国对生态防护都没有确切的定义。也有部分学者在宏观层面上对生态环境防护做出了定义：生态防护涉及生态学、植物学、突发事件治理机制等诸多方面的知识，它是以自身生长的植物作为防护原材料，在参照生态环境保护基本理念的基础上，制定科学标准的防护方案，通过严格规范的各项流程，使边坡生态环境得到高效的治理，减少水土流失、山体滑坡、泥石流等灾害出现的频率。我国的社会学者张德文表示，生态环境防护技术的基本理念主要表现在边坡防护成效、水土流失治理成效、植物培养助长成效，借助防护材料对边坡结构进行巩固来达到边坡治理的基本要求。边坡治理过程是以保护生态环境作为出发点的一种生物再培养工程，也泛指对植物生长或植被生长所需的环境进行保护的一种手段、方式、方法。

（二）生态植被防护理论

生态环境全面绿色化是指在一定的路段上面有着美观的植物养植，采用植物的各种优点来保护路段安全。植物根部的物理效果重点显现在根部具有维持、稳定的效果，生物学方面重点显现在防止锈蚀、拦截降雨的冲刷、控制地面的汇流。坡面植物是指经过根部的物理方面效果和植物覆盖的生物学方面效果来提升路段边坡土体层面的平稳效果和针对表面水土腐蚀的抑制。尤其要关注的是，边坡稳定性在实际当中起到的作用只是单方面研究的，那么，边坡上的植物在种植过程中也会起到不好的效果，例如，坡面上的植物几乎覆盖了整个土壤上的粗糙工程，土壤表层的穿透性也非常强，提升土体缝隙的压力，大比例的树身在风力的压力下会对土体造成一定的作用力，加大了边坡表层的波动。植物对于边坡有一定的正面和反面效果，所以，尽管坡面植物有一定的固定能力，但是不能简洁地对植物保护的物理方面作用进行一系列比较。植物是一个生命，它和它所生存的环境有一定的作用效果，二者相互结合，组成一个多样化的体系，有自身的生长构造和对环境的适应能力。研究植物保护对边坡表层土体的平稳，要对其优点和缺点等具体原因进行整体思考。不容置疑的是，在很多状况下，植物覆盖较好的边坡比袒露的边坡更加平稳。

（三）生态植被护坡的演替

植物保护边坡的实际效果具体显现在边坡植物能否完好地生存。要保障边坡表面植物的强健生长，就要在边坡表面设立平稳的植物群体，用来抵抗可能受到的一切灾难。植物群体是在相关的生存环境中由一种植物的很多数量组建的一个群体，在一种植物群体中，不同的植物品种，植物和环境间的配合效果，构成一个独特的内部处境和植物处境。针对原有植物遭到侵害的边坡表面，重现植物群体就要遵守生物学的生长论证。护坡演替实质上就是植物群落的演变过程，即受环境变化、人类行为的影响，植物赖以生存的环境遭到破坏，迫于无奈被其他植物所替代的过程。这也间接性地论证了物竞天择、适者生存的自然规则。演替可以充分地反映出一个植物群落生长发育过程的特征，是植被在生态环境中所必须遵循的生态法则。演替的终极表现形式是顶级植被群落，这是植物生长到成熟阶段的表现，顶极植被群落的类型在相互联合集中的情况下协调配合，可以促使其自身得以健康生长。鉴于山区地势边坡较多且都是由岩石组成，土壤区域范围较少，路线边坡绿色建设能用到的土壤较少，通常厚度并没有达到标准；利用专业技术制造的岩石或者石土、小块石头坡面，一般厚度也达不到相关标准。植物生存环境较为恶劣，种植难度较大，植物品种往往达不到多样化等的要求，各种不好的方面都导致路段边坡植物群体产生逆生长的情况。当前阶段，较为陡峭的岩石坡面逆生长的形势无法阻挡，如何在山区路段边坡组成规模群体，是当前路段边坡植物资源分配的重要问题。根据我国交通系统深入调研的结果得出，道路修建工程项目完工以后，在正式通车之前，施工方所种植的各种花草树木大部分都已逐渐退化，分散在道路两侧的灌木丛中，而这类花草树木的繁殖速度非常快，迅速发展成一定规模，可以有效地实现边坡防护功能。

（四）生态植被的水文效应

单就从植被防护的水文效应方面来讲，植被受边坡周围气温、地面条件和地下积水的影响，生长范围改变了很多，继而间接性地对水浸泡、侵蚀与水浮力等产生一定的影响。水文效应的基本原理主要体现在：

1.蒸腾排水

水常常受到边坡不稳定因素的影响，这种现象出现得太频繁也是导致边坡稳定性降低的原因之一。而蒸腾排水是指植被中的水以水蒸气的形式挥发进入空气中的一种水分流失的过程，这一点与传统的物流蒸发还是有较大差异的，蒸腾作用并不会因外部环境的变化而发生变化，唯一能对其造成影响的是植物本身，其只是一种简单的植物生理调整运动。因为植物在生长发育过程中必然会将体内的水蒸腾掉，这就相当于一项自然规律，是必然存在的。例如，一朵正常的花，其每天都会散发掉 $5 \sim 6$ g 水，而其整个生长周期，从种植到枯萎会散发掉近 650 g 水。而植物体内的水分散发掉，会使地表水的水位不断下降，降低土壤、岩体受水覆盖范围，进而在一定程度上保障土壤质量与岩体的硬度，避免诸多因水土流失而造成的危害。

2.降雨截留

植物的叶子具有降雨拦截效果，一部分的雨水短暂存储在植物的叶子中，经过植物自身的蒸发效果慢慢被蒸发散出，其余部分经过叶子落至坡面。拦截效率受到降雨大小和植物群体密集程度的影响。植物密集程度大、降雨率较低的状况下，拦截率高。植物经过拦截效果减少了雨水对边坡的冲击和落至边坡的雨水的量，这在很大程度上减少了对边坡的损害。

3.削弱溅蚀作用

降雨时，雨水是从几万米的高空降落下来，既然有距离的存在，就必然会形成冲击力，雨点在接触到岩体的一瞬间会将冲击力转化为动能转递给岩体，这种冲击力也是导致岩体破损、脱落的关键性因素之一。同样的道理，雨水在对岩体造成撞击的同时也会在边坡表层产生一定的动能，这一动能会使表层的碎石溅起，且逐渐随雨水流向其他区域，造成严重的水土流失。

4.控制地表径流

导致坡面土体冲刷腐蚀的根本因素是地面表层汇流，汇流的大小和汇流速度的快慢决定了土坡冲刷腐蚀作用的大小，对边坡表层汇流的控制要通过草木植物来实现。草木分布广泛，且群体生存，能够降低汇流速度，还可以有效地阻挡汇流，改变汇流姿势和汇流模式，雨水分散游走，从直流变成弯流，进而流动的距离变大，水的压力随之降低。植物的树叶也能够阻挡和拆分汇流，使汇流的速度降低。同时，地层表面汇流进入植物群体的距离增大了，加大了雨水的渗透速度。汇流速度减慢，冲刷的效果减小，进而抑制了土壤分离，减小了降雨对土体的冲刷腐蚀，更好地促进了边坡的平稳。

5.调节土壤湿度

对于被植物覆盖的边坡土壤，植被的蒸腾作用是土壤水损耗的主要途径，而植物的蒸腾作用并不会受外部环境的影响，是持续不断进行的，因此，这种水消耗会比地表水蒸发的规模大出许多。而植物的根入土的深度与蒸腾作用是有一定联系的，植物的根若是深扎在土壤里，势必会比潜伏在土壤表层的植物所消耗的水多出许多。由此看来，利用植物来调节土壤的湿度，其作用是非常明显的。

四、边坡生态植被防护技术的类型和局限性

（一）边坡生态植被防护技术的类型

从种类上看，我国的边坡生态环境保护可以从以下几个方面进行：

1.草坪及地被植物防护

草坪和地被植物是防护植物的一种，其作用是使植物与坡面形成覆盖，在让路面更加美观同时也保护了环境。同时，草坪和地被植物可以调节坡土的湿度状况，以防被水流冲掉，还能防止风的腐蚀，起到稳固边坡的作用，加强边坡的稳定。

2.灌木防护

最好的边坡防护是在边坡表面种植绿色植物，这样才更有助于以后的生长，不会让更多的水分流失。路基边坡常年干旱，跟草木植物相比，灌木更好养一些，生命力更持久。另外，坡面种植灌木进行防护已经有具体的防护方案，实施起来更加方便。

3.乔木防护

研究表明，在公路的两侧种植乔木可以对环境保护起到一定的作用，但其前提是遵守交通规则。乔木防护的弊端是如果汽车行车的距离不够，容易造成错觉，从而引发交通事故，所以先规定不能在公路两旁进行种植，可以在边坡种植乔木，只要不影响正常的汽车行驶，这样也对环境起到了美化作用，并且能够减缓水流速度，防护效果大大增强。

4.乔灌结合防护

不同的路段可以用不同的方式来处理，有一些路段可以采用乔木和灌木结合的方式来保护。山区里面的道路很崎岖，造成水土流失的可能性很大，还容

易发生自然灾害，这种路段我们必须采取防护的措施，减少对公路的破坏，以下为具体的植被防护技术操作方案：

（1）挂网喷播

挂网喷播适用于崎岖的路线开发和挖掘，像坡度陡的地方，一定比例的石质被破坏掉的地方。

（2）高次团粒喷播

高次团粒喷播适用于石质很坚硬、坡度比较大的边坡，以及碎石和土面的石头边坡。

（3）土工格室植草护坡

土工格室是植草防护的一种，采用的是骨架防护，这种防护可以固定住，而且还可以填土种草，一般设在路堑的边坡上，在干净的坡面清除不需要的危石。

（4）铺草皮

铺草皮适用于骨架内回深度小于之前的坡面。需要先清除坡面上所有的杂质，要把铺面铺平，形成草皮的生长床并用水浇灌，使土壤湿润，再把草皮的厚度变薄。铺草皮的时候应该平铺上去，之间应该保持距离。以防水土流失严重，最后在草皮上盖上铁皮网固定住。

（5）打穴植草

打穴的时候，应当选择密实的、结构比较牢固的土质。然后对环境进行绿化，打穴的密度有大有小，要严格按照穴孔深度来打孔，控制好穴之间的距离。可以用营养液等使树苗更好地发育，有充足的水分可以渗透到土壤底部，确保树苗的正常生长。

（6）植生袋

植生袋又叫植草袋、绿化袋，它是采用无纺布和遮阳网制作而成，抗紫外线性能优良，耐用性好，透水性与透气性俱佳。由"植生袋+连接扣+植被种植"通过正三角稳固堆叠方式构成 3D 水土保持护坡植生绿化系统，再加上后期发达根系穿透生态袋扎入边坡泥土而使得边坡更加稳固。植生袋保土渗水的功能减小了边坡静水压力，也保证了水分在土壤中的正常交流，提供了植被赖以生存的介质，使得边坡的绿化效果更加明显、更加有效。

（7）三维网植草

三维网植草护坡是指利用活性植物并结合土工合成材料等工程材料，在坡面构建一个具有自身生长能力的防护系统，通过植物的生长对边坡进行加固的一门新技术。根据边坡地形地貌、土质和区域气候的特点，在边坡表面覆盖一层土工合成材料并按一定的组合与间距种植多种植物。通过植物的生长活动达到根系加筋、茎叶防冲蚀的目的，经过生态护坡技术处理，可在坡面形成茂密的植被覆盖，在表土层形成盘根错节的根系，有效抑制暴雨径流对边坡的侵蚀，增加土体的抗剪强度，减小孔隙水压力和土体自重力，从而大幅度提高边坡的稳定性和抗冲刷能力。

（二）植被防护作用的局限性

在植被种植的过程中，很多时候都会根据边坡的稳定性来制定标准，但是为了避免土壤的水分流失，在制定标准时必须参考环境的情况。需要注意的是，不同环境下植物的生长也可能给边坡带来副作用。

首先，根系对土体具有一定的固定作用，但是这种作用只存在于地表以下一定的范围内。下雨的时候，雨水会进入土层当中，使土体的抗剪强度降低。随着时间的延长，雨水和隔水层之间会形成排水梯。坡面植物主要是通过根、茎、叶的作用来改变土层的性质，阻止土壤的滑动，提高土壤的稳定性。植物防护可以有效地防止土质坡面的水土流失及浅层滑坡，但是在深层滑坡的防范治理中，不能很好地发挥作用，尤其在一定条件下会造成滑坡。

因此，植被防护这一措施要在边坡平稳的情况下采取，在边坡不平稳的时候，要同时采取其他的加固办法来进行防范保护，从整体上改善治理效果，更好地避免滑坡的出现。

五、边坡生态防护工程措施与方法

（一）植物护坡方法

1.传统植物护坡方法

（1）铺草皮护坡

近些年来，我国很多地区都在大范围地采用铺草皮护坡防护技术，该技术在实施的过程中需要很多绿色植物，使用专业的机器转移，到绿化场地之后，按照设计图纸和要求来铺植，护坡可以被快速建立起来。

和散播草种相比，铺草皮护坡所用的时间比较短。而且散播草种不能实现大面积覆盖，当很多场地急需绿化边坡时，不建议采用散播草种这一措施。铺草皮防护技术能将表面的土壤和植物都覆盖，对边坡土壤起到固定的作用。采用铺草皮防护技术，施工的季节不会受到限制。

需要注意的是，草皮在铺设完之后可能受到周围环境、病虫、天气等因素的影响。因此，如果采用铺草皮防护技术，那么在施工的前期就要做好草皮的养护管理工作，这样才能在施工的过程中让草皮适应周边的环境。

（2）植生袋护坡

目前，最先进的边坡防护技术非植生袋护坡莫属，这种防护技术采用的设备也非常先进。植生袋护坡防护技术结合所有草的种类和材料，确定草种的密度和数量，能在很大程度上提高草种的成长率。最关键的是，植生袋还可以按照工业化标准来生产。其特点是体积小，没有太高的要求，保存的空间也不大，而且能随意地减小或扩张面积，施工人员的施工也不会影响到环境。

（3）三维植被网护坡

三维植被网主要是根据热塑料性材料向下拉伸形成固定结构的方形网格。三维植被网的质量很好，能够迅速适应环境和地理条件，采用网格状能起到相应的固定作用。三维植被网护坡技术最大的特点是表面有很多不平整的网包，都将土壤和植物固定,防止雨水对土地的击溅,能在一定程度上阻止雨水降落在坡面。三维植被网还能起到加筋作用,增加边坡的防冲击能力。

安装三维植被网的要求是:①要采用规定的材料来挤压成型。②材料的上、下两面不能少于十个锥形锚刺,材料都要按照标准来选择。③垂直穿孔数也要按照标准来打。

2.客土喷播护坡方法

客土喷播技术主要是通过专业的设备将客土缩成一团,在一定的基础上将少量的纤维注射到边坡表层,从而起到防护作用。客土当中有少量的纤维,起到了一定的加筋作用,使得边坡表层有一定的稳固效果。客土喷播能防止土壤流失,同时稳固边坡。客土喷播还能将草种材料、土壤、种子、水资源等混合在一起,之后注射到边坡上。这种做法在国际上被称为水利播种,在播种之后的一段时间内就可形成草坪。这项技术最早出现在国外,尤其在美国等一些发达国家取得了很好的成效。

客土喷播选用的材料如下:

种植混合基材草种:选用狗牙根种子,用量 20~25 g/m²。

灌木:选用木豆、车桑子按 2:3 比例混合,混合灌木种用量不小于 30 g/m²。

混合的种植材料:包括细砂、泥土、锯木屑、谷粒壳、种植土、复合肥、松土剂、湿润剂等。而且不同的材料要根据环境配比之后才能确定。

种植基材喷射完成后,要及时采用无纺布对坡面进行覆盖,无纺布单位重量 14 g/m²。

使用喷射种植的材料在施工之后的一段时间内,植被的覆盖程度不能小于80%。具体的注意事项有:①坡面必须清除危岩,整理平顺,超欠挖大于 30 cm的地段,必须凿顺或采用浆砌片石嵌补。②金属网上挂的时候要使劲往后拉,网与网之间要使用铁丝来固定,而且要用不一样类型和厚度的地垫来协调,网包和坡面之间要保持 5 cm 的距离。③种植混合材料在喷射过程中要选择从正面来进行,裂缝以及不平整的地方要填补完整。喷射种植的材料厚度按照标准来选择,尤其是金属网以上的种植材料厚度不能小于 3 cm。④在挖方坡度大于

30m 时，要选择最深的地段。在施工的第一阶段完成之后，要根据施工工艺和防护的程度等要求进行下一阶段的工作，符合设计的标准。

（二）土工织物合成护坡方法

1.土工织物在边坡防护中的应用

土工格最早出现在 20 世纪末期，在公园或者学校等很多公共场所都有，主要依靠地面的垫层和加筋来进行保护。近些年来，很多工程当中都在使用植被防护技术。土工织物是通过专用的焊接设备在立体方格中焊接的。土工合成材料的特点是结构好、不易被稀释、质量轻，能进行工业化生产，很容易转移、存储，价格低且能与土混合使用等。在施工过程中，土体的不同阶段和位置都能使用土工合成材料。

在边坡建设的过程中，如果将植物草种和土工材料混合在一起，可以加强对植物草种的保护。现代化公路防护与传统的工程防护相比，无论是在造价上还是在质量上都有很大的优势。土工织物在整个边坡防护过程中发挥了很大的作用。

2.土工合成材料-植草防护
（1）土工合成材料的功能

①过滤作用。土工织物能将土粒统统过滤掉，将表面的土工织物和深层的土工织物衔接才能稳定土体；另外，土工合成材料还存在透气性这个特点，那么土壤中的水和空气都能通过土工合成材料透过这个结构，就防止了水压力造成的土壤不稳定的现象。

②排水作用。土工合成材料还有一个特点是能填补缝隙，将缝隙内的水分排出去，土工混合原材料在恰当的位置和缝隙中会起到作用，而土壤中的充足水分也能保证边坡周围的稳定性和水的压力，促使整个边坡在长时间里都在稳定的状态下，提高了高级公路的安全性和稳定性。

③隔离作用。土工织物具有隔离作用，能将不同类型的土粒分割开来，这

是为了防止相同土壤在一起会污染，也是为了保证土体的稳定和安全，避免土粒大量损失的现象出现。将土工织物运用在地基、地面和缝隙当中，才能保证地面的稳定性。

④加筋作用。很多时候，土工合成材料都会隐藏在土壤下面，将原本不能聚集的土体连接在一起，或者和土体融合，成为复合体，从而增强土体的融合性和抗腐蚀能力，加强土体的稳定性。只有加强土壤内部的摩擦力，才能提高土体的稳定性。

⑤防渗作用。不是全部土工合成材料都具有很强的透气性，少部分的土工合成材料透气性较差，在很大程度上能防止气体和液体的渗透，具有防渗透的效果。沿河路边坡、公园边坡等都可选择这种土工合成材料。

⑥防护作用。根据土工合成材料的具体情况来设置防护措施，将全面控制雨水的冲击和表面水土的流失。最好是选择在土工格室边坡上绿化和防护。

（2）土工合成材料结合植草防护的优点

土工合成材料的优势是具备抗渗透性、易恢复性、透气性等，能够与传统的护坡形式取长补短，从而降低造价、提高质量，改善防护效果。

土工合成材料结合植草防护还能建立一种新的体系，在植草成长的过程中，根基会不断连接，让土工合成材料和植草慢慢变成复合体，从而增强抗雨水冲刷的能力。

（3）土工合成材料结合植草防护应注意的问题

这种防护措施适用于不陡于1∶1.0、不利于植物生长的残积土及软质岩路堑边坡，以及改良土、硬质岩填料填筑的路堤边坡。边坡表层的垃圾和杂物要清理干净，保证整个坡面看起来很平整，根据坡面具体情况采用人工开采的形式在周围挖种植沟，开采水平种植沟是为了保证水和土不流失，能给植物的生长创造好的环境。种植沟之间的距离最好保持在20 cm左右。边坡需要三维网固定之后用采取的土体把缝隙处填上，土壤不能大面积地撒落在边坡上，要将细小的土壤撒在表层上。但是地下的土壤厚度不能超过6 cm，网面上的基本厚度和覆盖之后的厚度也要根据标准来铺垫，尤其是网包不能漏出来。

在每次喷播之后，细小的土壤也要进行浇水。设备洒水时，要将每块土壤和边坡上都渗透，这样才能使表面的土壤往下沉，才会使坡面看起来更平整，避免表面的土壤和三维网之间产生分割。坡面上的土壤铺平之后，要注意网包不能漏出来，采取干土来施工的话比较方便，而且不会对路面有任何影响。很多普通的施工都采用点播灌木和散播草种的方式，也都是在三维网的基础上进行回填之后再使用普通的播种方法和草种来种植。浇水的时候要注意种子在发芽期间需要适当的水分，水的温度要在 10 ℃以下，干燥时多浇水，雨季时少浇水，土壤呈白色时要立刻浇水。

施肥的环节很重要，也是草坪生长的关键环节，一般在春夏季节要选择氮肥和磷肥来施用，将肥料掺入水中一起浇灌，少量多次；在秋冬季节要选择撒施的方式，采用磷肥和钾肥，肥料撒过之后才能浇水，最好避免雨季施肥。

为了防止病虫害的蔓延，要有针对性地选择农药，这样才能促使草坪快速生长。如果不及时采取措施，病虫会危害到草坪的根基。害虫一般是蝗虫和青虫。

草坪的覆盖率要超过 90%，灌木越茂盛越好。在规定的时间内及时为草坪清理杂草，尤其像苍耳、平草、头草等这样的草越早清理掉越好。不同地区的气候和天气也不同，尽量选择合欢花、山毛豆以及黄荆这样的灌木种子来点播，混合种子的量不能太多，点播之间的距离不能超过 30 cm，要形成上小下大的样子。在种植之前要根据当地的气候选择逆性强的草种，狗牙根草结合混合草种并选择细砂进行撒播能使草种快速生长。土工织物的抗拉强度应大于等于 2.0 kN/m，每平方米重量应大于等于 350 g。

3.植生混凝土护坡方法

植生混凝土护坡是近几年研究出来的一种新型绿色环保技术，不仅具备混凝土强度高和性能好的特点，还具备绿色环保和美观的特点，能很好地保护边坡并根据实际需要制定出多功能和多性能的植生混凝土。但是，植生混凝土中还有很多原材料、表层土壤和其他植被等，多孔型植生混凝土主要由骨架和水泥和原材料等组成，抗刷型植生混凝土主要由骨架构成，穿透力很强。截水骨架的形状一般是槽形，骨架的枝干大多是 L 形，以便于排水。堑顶处要由混凝土围边，护坡的起点处最少隔离 0.5 m，内部采用混凝土来镶边才更稳固。骨架的结构要由混凝土来浇灌，骨架每 3 道之间要在支骨架处建立一道缝隙，缝隙宽度不能超过 2 cm，缝隙要选择沥青来回填，缝隙之间禁止采用假缝，伸缩缝的位置要尽量避开水槽，骨架在施工上一定要保持完整和整洁。

施工时要注意由坡顶至坡脚顺序依次栽植灌木，在种植的过程中一定要保持根基能舒展开，将不均匀的植土进行回填，然后按照层次来播种。栽种之后要慢慢地浇水，浇水要透彻，第一次浇完之后才能进行第二次浇水。种植最好是选择在春季或植树造林季节。施工之后要多呵护，这样即便是树苗缺乏营养也能及时挽救。在施工之前要检查灌木的边坡是否被雨水冲击，遇到边坡局部凹陷或坍塌要采取措施，防止大范围地扩散。

第二节　路基冲刷防护

一、冲刷作用的形成条件

沿河及水库地区铁路由于地形和地质条件以及工程设置要求的限制，大多依山傍水，顺着河谷或水库岸边行进。此时，滨河路基、河滩路基及水库地区路基往往由于侵占河床、压缩过水面积或阻挡水流，改变水流方向和速度，从而形成水流对河床、岸坡或建筑物基础的经常性或周期性冲刷作用，影响路基的稳定与安全。

二、冲刷防护原理

冲刷防护就是根据水流的动水压力、波浪和壅水高度及冲刷作用，结合线路位置及地形地质因素，设置合理、坚固的冲刷防护工程，使其满足适应水流性质和抵抗水流破坏作用的要求，防止岸坡及基础因冲刷作用而失稳，确保线路路基的稳定和运营安全。

三、高速公路路基边坡冲刷防护措施

路基边坡冲刷破坏的稳定性评价是一个具有复杂性的评价过程，主要表现为：影响路基边坡稳定性的因素较多，各因素相互影响共同作用；评价指标的定义标准形式多样；缺乏足够评价的信息资料。因此，路基边坡冲刷稳定性破坏研究具有不确定性。

（一）排水防护技术

公路排水防护的主要措施有边沟、截水沟、排水沟、急流槽与盲沟等。其中，边沟、截水沟与排水沟是低等级公路中最常见的防护措施。

（二）工程防护技术

公路边坡工程防护指使用水泥、砂浆、石灰等材料展开的防护，护面墙防护和植被混凝土防护这两种形式是最常见的技术。护面墙通常情况下被用于易风化的软质岩石与相对破碎的岩石边坡的防护，是比较常见的上边坡的防护形式，其作用是减弱边坡表面的侵蚀、持续风化以及部分坍塌与滑坡等破坏。护面墙的缺点是不能承受墙后边坡土体的主动土压力，故边坡的稳定性限制了护面墙的使用。常见边坡护面墙的形式有拱式、孔窗式等。

（三）植被混凝土坡面防护

植物坡面防护的作用机理可分为植被根系的力学作用和植被的水文效应两大部分，两个方面共同协作增加边坡土体的稳定性。该方法是一种新兴起的防护技术，同时具有植被防护、混凝土防护这两种防护的优点。植被混凝土防护因其混合防护形式的特点应用范围广，既能用于风化岩石边坡，也可以用于土质边坡的冲刷防护。为了植被的优良生长以及坡面的观赏性防护结构，结合形式应具有灵活性。骨架防护属于植被混凝土防护的一种形式，通常设置在坡度较缓、相对稳定的边坡，采用混凝土或者浆砌片石修建成框架，将草种在其中。这种边坡综合防护措施既能减少路基边坡的冲刷破坏，也可以提高坡面的观赏性。其防护形式主要有：

（1）种草

种草适用于边坡稳定、坡面冲刷轻微的路堤或路堑边坡，一般要求边坡坡度不陡于 1∶1，边坡坡面水径流速度不超过 0.6 m/s，长期浸水边坡不适用。

（2）铺草皮

铺草皮适用于各种土质边坡，特别是坡面冲刷比较严重、边坡较陡（可达 60°）、径流速度达 0.6 m/s 时。铺草皮的形式主要有平铺、水平叠铺、垂直坡面或与坡面成一半坡脚的倾斜叠置，以及采用片石等铺砌成方格或拱形边框、方格内铺草皮等。

（3）植树

植树适用于各种土质边坡和风化极严重的岩石边坡，边坡坡度不陡于 1∶1.5，在路基边坡和漫水河滩上种植植物，对于加固路基与防护河岸具有良好的效果。植树可以降低水流速，种在河滩上可促使泥沙淤积，防止水流直接冲刷路堤。植树最好与植草相结合。高等级公路边坡上严禁种乔木。

第三节 挡土墙构造与施工

一、挡土墙的构造组成

（一）墙身构造

1.墙背

仰斜墙背适用于路堑墙及墙趾处地面平坦的路肩墙或者是路堤墙，仰斜墙背的坡度不宜缓于 1∶0.3，通常在 1∶0.15～1∶0.25。

俯斜墙背适用于路堤墙、路肩墙，常用坡度 1∶0.15～1∶0.25，不超过 4 m 的低墙可以用垂直墙背。凸形折线墙背多用于路堑墙，也可以用于路肩墙，上下墙的墙高比一般采用 2∶3。衡重式墙适用于山区地形陡峻处的路肩墙和路堤墙，也可用于路堑墙，上墙俯斜墙背的坡度在 1∶0.25～1∶0.45，下墙仰斜墙背在 1∶0.25 左右，上下墙的墙高比一般采用 2∶3。

2.墙面

墙面一般均为平面，起坡度应与墙背坡度相协调。墙面坡度直接影响挡土墙的高度，因此，在地面横坡较陡时，墙面的坡度一般为 1∶0.05～1∶0.20，矮墙可采用陡直墙面；地面较平缓时，一般坡度采用 1∶0.20～1∶0.35 较为经济。

3.墙顶

墙顶宽度最小，浆砌挡土墙不小于 50 cm，干砌挡土墙不小于 60 cm。浆砌路肩墙墙顶一般宜采用粗石料或者混凝土做成顶帽，厚度为 40 cm；如不做顶帽，对路肩墙和路堑墙，墙顶应以大石块砌筑，并用砂浆勾缝，或用 5 号砂浆抹平顶面，砂浆厚 2 cm。干砌挡土墙墙顶在 50 cm 高度内，应用 25 号砂浆砌筑，以增加墙身稳定性，干砌挡土墙的高度一般不宜大于 6 m。

4.栏杆

为保证交通安全，在地形险峻地段或者过高过长的路肩墙的墙顶应设置护栏，为保持土路肩最小宽度，护栏内侧边缘距路面边缘的距离，二、三级路面不小于 0.75 m，四级路不小于 0.5 m。护栏分墙式和柱式两种，所采用的材料、护拦高度和宽度，视实际需要而定。

（二）基础结构

1.基础类型

大多数挡土墙都直接修筑在天然地基上。

当地基承重力不足且墙趾处地形比较平坦，而墙身又超过一定高度时，为了减小基底压应力和增加抗倾覆稳定性，常常采用扩大基础。当地基压应力超过地基承载力过多时，需要加宽值较大，为避免加宽部分的台阶过高，可采用钢筋混凝土底板。地基为软弱土层时，可采用砂砾、碎石、矿渣或者灰土等材料予以换填。当挡土墙修筑在陡坡上，而地基又为完整、稳固、对基础不产生侧压力的坚硬岸石时，可设置台阶基础，以减少基坑开挖和节省圬工。如地基有短段缺口（如深沟等）或挖基困难（如需水下施工），可采用拱形基础。

2.基础埋置深度

对于土质地基，基础埋置深度应符合下列要求：

无冲刷时，应在天然地面以下至少 1 m。

有冲刷时，应在冲刷线以下至少 1 m。

受冻胀影响时，应在冻结线以下不少于 0.25 m；当冻深超过 1 m，采用1.25 m，但地基应夯填一定厚度的砂石或者碎石垫层，垫层底面亦应位于冻结线以下不少于 0.25 m。碎石、砾石和砂类地基不考虑冻胀影响，但地基埋深不宜小于 1 m。对于基石地基应清除表面风化层，将基底嵌入岩层一定深度，当风化层较厚且难以全部清除表面时，可依据地基的风化程度及容许承载力将基底埋入风化层中。当挡土墙位于地质不良地段，地基土内可能出现滑动面时，应进行地基抗滑稳定性验算，将基础底面埋置在滑动面以下，或采取其他措施，以防止挡土墙滑动。基础应采用明挖基础，当基底位于大于 5% 的纵向斜坡上，基底应该设置成台阶形。

（三）排水设施

挡土墙的排水设施通常由地面排水和墙身排水两部分组成。

1.地面排水

地面排水主要是防止地表水渗入墙后土体或者地基，有以下几种方法：

设置地面排水沟，截引地表水。

夯实回填土顶面和地表松土，防止雨水和地面水下渗，必要时可设铺砌层。

路堑挡土墙趾前的边沟应予以铺砌加固，以防边沟水渗入基础。

2.墙身排水

浆砌块（片）石墙身应在墙前地面以上设一排泄水管；墙高时可在墙上部加设一排泄水孔，泄水孔尺寸可视泄水量大小分别采用 5 cm×10 cm、10 cm×10 cm、15 cm×20 cm 的方孔，或直径 5～10 cm 的圆孔。孔眼间距一般为 2～3 m；浸水挡土墙孔眼间距一般为 1.0～1.5 m，干旱地区可适当加大，孔眼上下错开布置，下排水孔的出口应高出墙前地面或墙前水位 0.3 m。

为防止水分渗入地基，下排泄水孔进入的底部应铺设 30 cm 厚的黏土隔水层，泄水孔的进水口部分应设置粗粒料反滤层，以免孔道阻塞，当墙背填土透水性不良或可能发生冻胀时，应在最低一排泄水孔至墙顶以下 0.5 m 的范围内铺设厚度不小于 0.3 m 的砂卵石。

（四）沉降缝和伸缩缝

设计时，一般将沉降缝和伸缩缝合并设置，沿路线方向每隔 10～15 m 设置一道，兼起两者的作用。缝宽 2～3 cm，缝内一般可用胶泥填塞，但在渗水量大、填料容易流失或冻害严重地区，则宜用沥青麻筋或涂以沥青的木板等具有弹性的材料，沿内、外、顶三方填塞，填深不宜小于 0.15 m；当墙后为岩石路堑或填石路堤时，可设置空缝。

干砌挡土墙缝的两侧应选用平整石料砌筑，使之成垂直通缝。

二、道路路基挡土墙的设计与分类

（一）道路路基挡土墙的防护设计原则

路基挡土墙的设计与建设影响着道路建设的整体质量与道路的使用安全，其铺设的范围随着公路的修建而逐步扩大，对区域内的基础设施建设有着十分重要的影响。为此，在进行路基挡土墙设计时，要将施工范围内的情况与专业理论知识相结合，进行综合性的参考设计。

现代化技术的飞跃式发展，网络信息数据处理技术的进步，为路基挡土墙的设计提供了技术层面的保障。在进行挡土墙建设的方案设计时，首先要对施工区域内的环境、地质、气候等多方面的数据进行收集，运用计算机技术进行数据建模、工程模拟等，为挡土墙的建设提供真实、有效的参考数据；其次，要对路基挡土墙建设的成本投入进行预估、演算，在保证挡土墙建设质量的同时，确保对工程资源的合理配置；最后，将工程项目的生态效益与经济效益相结合，提高资源的利用率，降低高耗能、高污染材料的使用，将节能减排的设计理念融入挡土墙建设方案中。

（二）路基挡土墙的主要类型

按照设计结构的不同，路基挡土墙可以划分为以下几种形式：

1.重力式挡土墙

这种类型的挡土墙主要是通过其本身的重力、材质等来实现道路承重，并保证路基的稳定性。因此，对材料的选取要求较为简单，通常运用施工现场的建筑材料。重力式挡土墙的建设程序较为简单，技术要求也不高。为此，很多道路施工项目的挡土墙采用重力式的墙体建设。然而，由于自身的重力较大，在施工时对于道路路基的荷载也有着较高的要求，重力式墙体不适合环境较为复杂的施工工程。

2.半重力式挡土墙

半重力式挡土墙一般采用片石混凝土浇筑，但是要在地基墙体中设置钢筋满足墙背拉应力大的需求。由于墙体高度与墙面重力之间呈反比例关系，即墙体越高，墙面重力越小，这就需要施工单位转变常规施工技术，以低墙或者半重力式挡土墙代替重力式挡土墙，达到稳定路基墙体的目的。

3.横重式挡土墙

路基墙体之间存在横重台，将横重台与墙身进行有效结合，利用其衡重力和自身重力达到支撑和稳定路基墙体的目的。

三、道路路基挡土墙的具体施工方法

（一）石砌施工工艺和要求

1.准备工作

在石砌挡土墙之前，需要配备功能齐全的设备和设施，根据路基工程实际情况，设计体系化的施工方案，包括设计图纸、检查图纸、处理地基、安置脚手架、放线、清除设备的污垢、清除泥垢等。

2.砌筑顺序

公路路基和市政道路路基的砌筑施工以分层为原则，其重点是路基底层的施工。底层施工是否顺利是保障路基挡土墙施工的重要因素，一旦底层施工没有根据施工图纸或者施工方案施工，就会严重影响路基上层的稳定性。分层砌体是砌筑施工的首要步骤，其次是分段砌筑，再次是前后砌筑。分段砌筑时，分段处应该设置沉降或者伸缩缝的位置。施工技术人员应该先对路基的角落处或者缝隙处的面石处施工，之后对填腹石施工。

3.砌筑工艺

常用的砌筑工艺有挤浆法、坐浆法。

4.砌筑要求

砌体应该选择表面比较平坦、石块尺寸较大的物体。浆砌之后，应将长短相间的砌体与路基底层的石块进行对接，并将石块与下层竖缝错开。

（二）薄壁式施工

悬臂式、扶壁式挡土墙的施工要点包括测量放线、挡土墙基槽开挖、挡土墙基础模板安装、挡土墙钢筋成型制作、浇筑挡土墙混凝土、挡土墙板安装等。

1.测量放线

测量放线应该严格按照道路施工中线、高程点合理控制挡土墙的平面位置。

2.挡土墙基槽开挖

挡土墙开挖施工活动需要确保基层的稳定性，不能扰动路基基层的原状土。施工人员如果不小心挖到路基中的原状土，就应该进行原状土回填施工，将开挖的原状土恢复到原位，并根据道路击实标准夯实。

3.挡土墙模板选择与安装

模板在施工中要保障路基的安全性和稳定性。模板不仅具有自重作用，还具有混凝土测压功能。因此，施工人员在开展混凝土浇筑、混凝土振捣工序时，要着重注意模板结构是否具有一定的强度，能否在工程中稳定运行，这样才能够确保挡土墙混凝土结构不会遭受混凝土浇筑和混凝土振捣施工的影响和破坏，保证模板结构的协调性和稳定性。一旦模板结构和混凝土结构失去平衡或者发生变形，就会导致施工工程出现严重超载和路基工程结构不够稳定等现象。模板的接缝工作是建筑房屋工程的一大问题，也是影响房屋路基挡土墙施工质量的重要因素。一旦模板接缝工作没有做好，就会造成路基挡土墙混凝土结构出现渗漏，进而影响路基工程的整体质量。因此在实际施工中，施工人员应该采取行之有效的方式做好模板接缝工作，固定挡土墙基础模板垫层，避免基础模板跑模、下沉或者松动，进而严重影响路基工程质量。

（三）加筋土挡土墙

加筋土挡土墙结构主要是由拉筋、填料、面板、基础四个部分组成，其施工工艺程序如下：

1.基地处理

做好基地处理工作是保障公路填石路基质量的前提条件。公路基地处理的主要内容有基地土质、基地水文状况、基地植被生长情况、填土高度等。施工技术人员不仅要根据路堤基地的实际情况分别处理路堤问题，还需要提前做好防御措施，确保路堤地基的安全性与稳定性。比如采取疏干、换土、打沙桩、挖出淤泥等方式减少路堤地基淤泥堵塞问题，并在处理好路堤地基中的淤泥问题之后，在规定的时间内填筑路堤，避免出现淤泥的循环堵塞现象。在路堤填筑施工过程中，要对路堤基底进行压实。要对基底土进行反复的碾压，使其达到95%的密实度。

2.基础浇筑

基础浇筑主要根据测量放线位置而定，并随之展开基础模板安装和混凝土浇筑工序。

3.安装墙体

当路基挡土墙混凝土强度达到70%时，才能展开逐层安装工作。

为保证道路的施工建设质量，提升路基挡土墙的使用质量，实现项目资源的合理配置，从而延长道路的使用期限，降低其维修、养护成本，承建部门应对路基的挡土墙进行合理的设计，保证施工环节的操作步骤准确合理。为此，相关单位应从挡土墙的设计环节入手，综合考虑工程项目的社会效益、经济效益、生态效益，优化设计方案。与此同时，按照科学的设计方案对挡土墙的实际施工环节进行规范化的指导，从而保证工程建设的质量，实现道路建设领域的快速健康发展。

第四节　路基加固

一、公路施工中的路基加固方法

（一）换填土层法

换填土层法是指将路基基底以下某一深度范围内的湿软土进行挖除，选用稳定性高、强度较大的填料进行置换，如矿渣、砂、碎石等。在置换的过程中，也可以将稳定性较高、没有侵蚀作用的土类添加到置换填料中。换填土层法能够将软弱土层的水分快速排除出去，有效地将膨胀土的胀缩作用予以消除，同时还能够有效预防路基冻胀、路基沉降过大等现象，有效增强路基的承载能力。在对暗塘、暗沟等进行加固时，应采用换填土层法。

（二）排水固结法

排水固结法是指通过应用堆载对路基进行预压，挤出路基土中过多的水分，进而提高路基土的压实度，增强路基的抗剪能力。当软弱路基中包含天然沉积层或者人工冲填土层时，选用排水固结法是比较合理的。一般而言，路基预压荷载大小、路基厚度、路基预压时间等均会影响路基的加固效果。

（三）重锤夯实法

重锤夯实法是指通过使用钢筋混凝土制作出一定规格的截头圆锥体，在圆锥体作用下产生夯击效应，从而在地基中形成较大的冲击波、动应力，加固密实路基土。湿陷性黄土、砂土、杂填土等常常会选用重锤夯实法。

（四）机械碾压法

在公路路基加固中，机械碾压法是最为常见的一种方法，当路基中的大部分填土位于地下水位以上，或者在浅层处理杂填土、一般非饱和黏土时，常常会选用这种方法。选用机械碾压法时，主要运用的机械包括推土机、平碾、压路机等。路基土在机械自重荷载作用下，压实度不断提高，有效提高了路基土的强度和稳定性，同时有效减少路基的沉降量，使路基变得更为紧实。

在选用机械碾压法之前，只有将拌和、运输、摊铺工作做好，才能满足道路设计要求。要选用稳定的土拌和机器进行集中厂拌，以确保拌和料的最佳含水量。拌和料拌和以后，用翻斗车将其运输到施工现场，一次性高质量完成摊铺工作，并对稳定层的松铺厚度进行严格控制。

完成拌和料摊铺工作之后，要选用适当的机械来碾压道路。在碾压过程中，应遵守碾压方法，即先两边后中间。先碾压道路两边 2～3 次，在路面平实以后，逐渐移动机械，使机械碾压中心向道路中心进行转移。在从外向内进行碾压的过程中，应从最低处开始进行填方，由下而上水平分层碾压公路路基，通过二者之间的有机结合，确保公路路基的碾压质量。如果路基表面比较干燥，则应洒水湿润，提高土层含水量，保证其达到最佳含水量值，使下土层和上土层有机结合，进而便于下一步的施工。值得注意的是，在路基碾压过程中，为保证施工安全，应在施工现场适当位置设置警告标志，以便有效避免行驶车辆在路基上掉头、刹车不慎而导致路基表面土层松动等现象发生。

（五）桩基加固法

1.碎石桩

碎石桩包括三种形式，即振冲式碎石桩、锤击式碎石桩、预配式碎石桩。与锤击式碎石桩、预配式碎石桩相比，振冲式碎石桩具有更多优势，如成桩效率高、施工方便、操作简单等，因而振冲式碎石桩的选用频率最高。碎石桩加固软土地基是由两部分复合而成的，包括软土、碎石。一般来说，土体的应力要比柱体的应力小得多，因此应根据软土的厚度，合理确定软土层的厚度。同时，均匀分布基底应力，可以将 0.5～1.0 m 厚碎石添加至碎石柱顶部，作为铺垫，或者用于横向排水通道。

2.生石灰桩

采用生石灰桩对软土地基进行加固是指在遇到土体空隙时，生石灰会发生化学反应，产生难以溶解的熟石灰，同时生石灰会吸收很多水分，进而有效降低四周地基的含水量，释放出很多热量，进而挤密土体。

3.挤密砂桩

挤密砂桩的形成过程是比较复杂的，在制成软土地基之后，将混合料灌入孔内，选用振动方式或者冲击方式对其进行挤密，形成挤密砂桩。挤密砂桩是极为密集的，所以最终会形成软土层的复合地基。值得注意的是，如果外界对挤密砂桩的约束力比较小，造成砂桩挤出到侧向或者地面出现隆起现象，则应选用间隔挤密方式，或者具有较大摩擦力的回填材料，这样才能有效解决以上问题。

（六）深层搅拌法

深层搅拌法是指通过运用适当材料作为固化剂，如石灰、水泥等，在路基深处选用特制的深层搅拌机械强制搅拌固化剂、软土。在整个搅拌过程中，固化剂、软土会产生一些物理反应和化学反应，形成软土硬结，最终有效增强路基土的水稳定性和整体性。

二、公路路基的防护措施

（一）路基排水

通过对大量的岩土工程案例进行分析后发现，很多路基病害问题都是水的侵蚀造成的。因此，在路基防护管理中，一定要将路基排水工作做好，不断完善路基排水系统。在公路路基施工过程中，应对路基排水工作给予高度重视，有效避免各种路基质量问题的出现，进而减少公路工程的损失。要合理协调地面排水和地基排水，让排水管、排水沟、边沟等排水设施充分发挥自身的排水作用。另外，也要让渗井、渗沟、暗沟、盲沟等充分发挥排水作用，以保证路基工程的质量。

（二）坡面防护

应有效避免坡面岩土出现风化剥落、地表水流冲刷现象，同时应和周边环境进行协调。随着社会各界越来越重视环境保护，大部分公路边坡会选用种草防护的方法。当边坡高度较大时，可以选用砌石框格，通过种草进行防护。

（三）支挡防护

挡土墙主要用来进行支挡防护。当一些场合中有大量的石料、矮墙，地基较好时，常选用石砌的重力式挡土墙。垛式挡土墙是一种比较特殊的挡土墙，便于对墙的高度进行调整。扶壁式挡土墙、悬臂式挡土墙的墙身体积比较小，受力比较合理，常用于路基的防护。

随着高速公路的不断发展，高速、重载线路成为主要的发展趋势，因而公路路基必须具有非常高的强度和稳定性。在路基施工中，全部施工工序均应根据有关规范、设计要求进行合理的安排和组织，以确保路基工程的施工质量，增强公路工程的安全性。

第五章　路基施工

第一节　填方路堤施工

一、土方路堤施工技术填筑要求

（1）性质不同的填料，应水平分层、分段填筑、分层压实。同一水平层路基应采用同一种填料，不得混合填筑。在每种填料填筑压实后，连续厚度不宜小于 500 mm。填筑路床最后一层时，压实后的厚度应不小于 100 mm。

（2）对潮湿或冻融敏感性弱的填料应填筑在路基上层。强度较小的填料应填筑在下层。有地下水的路段或临水路基宜填筑透水性好的填料。

（3）在透水性不好的压实层上填筑透水性较好的填料前，应在其表面设 2%～4% 的双向横坡。不得在由透水性较好的填料所填筑的路堤边坡上覆盖透水性不好的填料。

（4）每一填筑层压实后的宽度不得小于设计宽度。

（5）路堤填筑时，应从最低处开始分层填筑，逐层压实。当原地面纵坡大于 12% 或横坡陡于 1：5 时，应按设计要求挖成台阶，或设置坡度向内并大于 4%、宽度大于 2 m 的台阶。

（6）填方分几个作业段施工时，接头部位如不能交替填筑，则先填路段应按 1：1 坡度分层留台阶；如能交替填筑，则应分层相互交替搭接，搭接长度不小于 2 m。

二、高填方路堤施工技术

（一）路基施工

高填方路基在施工前必须验算路堤整体沿基底及基底下软弱层滑动的稳定性，抗滑稳定系数不得小于设计图纸要求的安全稳定系数，否则应采取改善基底条件的措施或设置支挡结构物。

（二）原地基的处理

（1）设计图纸和相关规范规定路堤基底的压实度应不小于 90%。换填处理后的路堤碾压完成以后，利用灌砂法进行压实度的检测，压实数值越高，路基的密实性越好，路基的整体稳定性越好。

（2）原地表清除表层杂土，挖走软基后，用满足施工质量要求的填料分层回填、压实。对于地下水，应按设计要求，采取有效的导排措施，之后方可填筑路堤。可以设置排水渗沟，以排除地下水，或填筑碎石、砾石等渗水性好的材料。

（3）当高填方地基原地面横坡＜1：5 时，清除地表草皮、腐殖土后，可直接在天然地面上填筑路堤。地面横坡为 1：5～1：2.5 时，应挖台阶，台阶宽不小于 2 m。地面横坡＞1：2.5 地段的陡坡路堤，须验算路堤整体沿基底及基底下软弱层滑动的稳定性，并符合规范要求。

（三）路基填料的选择

用于公路路基的填料要求取材运输方便、强度高、水稳定性好、无污染。所建项目标段 K64+831 大桩号方向路堑为强风化花岗岩，岩芯呈半岩半土状，具有较高的强度和足够的水稳定性，属于较好的路基填料，经试验分析，监理工程师书面同意后，可直接用于本路段的路基填筑。

（四）机械填筑方法

土方路堤填筑常用的推土机、平地机、挖掘机、装载机等机械的施工方法如下：

（1）对于性质不同的填料，应水平分层，分段填筑，分层压实。

（2）应将潮湿和敏感性弱、强度高的填料填筑在路基上层，在有地下水的路段，路基底部宜选用碎石、砾石等透水性良好的填料进行填筑。

（3）应及时测量每一填筑层压实后的宽度，防止路基宽度不够导致亏坡。填筑层边缘路基压实度也要满足图纸及规范的要求。

（4）路堤填筑时，应从路基的最底部开始，逐层填筑，逐层压实。当原地表纵坡＞0.12 或者原地面横坡＞1：5 时，应按照设计图纸要求设置坡度＞4%、宽度＞2 m 的台阶。

（五）高填方路堤压实工艺

高填方路基工程具有处理面积大、土石方量大、场地松散不均匀、所处地形陡峭等特点。实践证明，压实是施工过程中的主要工序，在施工过程中进行科学、合理的压实，可以提高结构层的强度，增强整体稳定性，减少道路的不均匀沉降。

影响压实度的原因主要包括：压实的遍数不够；压实机械与填料的性质、厚度不匹配；碾压的均匀度不够；局部出现漏压现象；填料的含水量过大或过小，偏离最佳含水量。

在高填方路堤压实施工中，应根据实际的施工环境，先选取试验路段进行现场试验，确定能达到最大压实干密度的松铺厚度、碾压机械型号、碾压机械组合、碾压速度及碾压遍数等参数，试验结果作为正式施工的依据。对于产生"弹簧土"的部位，应对过湿土进行翻晒，或掺加生石灰粉进行翻拌，等其含水量适宜后重新碾压，或在直接挖除换填后重新碾压。

（六）高填方路基的雨季施工

1.雨季施工措施

参建项目的气象条件属亚热带季风气候，年平均气温为 21.0～21.2 ℃，日平均气温为 11.0～12.2 ℃，年降水量为 1 472～1 500 mm，多集中在 4～9 月。自然灾害有"倒春寒""龙舟水"等。受台风的影响，江河谷地带的曲流倒灌会引发洪涝现象。为此，项目部制定了雨季施工的方案，妥善处理雨季施工的排水和防水问题，确保项目质量和安全。例如：根据施工调查资料，了解施工地区的雨季情况，每天和当地的气象部门联系，时刻掌握当地的天气气候情况，提前准备，掌握施工的主动权；施工便道全部进行混凝土硬化，保证雨天畅通；在施工地段修建了临时排水设施，保证雨季施工作业的场地不被洪水淹没并能及时排除地面水。

2.雨季填筑路堤注意事项

（1）在路堤施工前，先在填方边坡脚外挖 1 m×2.5m 排水沟，以保证施工场地不积水。

（2）雨季路堤填筑应分层进行，每一压实层表面均应做成 2%～4%的排水横坡。

（3）雨季填筑路堤，应根据使用机具的性能和数量，合理组织工作面轮流作业，快速施工。

（4）被雨水淋湿的填料，若含水量不大，可采取晾晒措施；若含水量过大，无法晾干，则不得作为雨季施工的填料，以免影响填筑质量。

三、高填方路堤的施工监测与人工巡视检查

项目路段地质构造复杂，区内断裂构造发育，边坡岩体结构破碎，节理裂隙发育，影响边坡的稳定。路基开挖后，坡面岩土在雨季容易呈现饱水状态，导致坡面出现滑塌、崩塌等情况，甚至使边坡整体失稳。所以，在施工过程中，

应注重高填路基的变形与稳定监测工作。

（一）高填路基的施工监测

为及时了解和掌握加载过程中的位移和变形，控制堆载速率，确保路基填筑的顺利完成，应对填筑施工进行全过程现场监测。监测点一般布设在土路肩、各级填方平台及坡脚处。通常按照 50 m 间距布设一条横断面且每处高填或软土路段不少于一条进场断面。沉降观测的频率取决于沉降量的大小和加载方法。要求施工期每填筑一次就观测一次，如果两层填筑间隔较长，则每 5 天至少观测一次。当填筑到上路床顶后，预压期第 1~2 月，每月观测 2 次，从第 3 个月起视沉降速率变化情况进行观测，直至预压期结束。在填筑过程中，如沿路堤中线地面沉降速率≥1.0 cm/d 或水平位移速率≥0.5 cm/d，标志位出现不稳定状态，应立刻停止加载（填土）。停止加载后，每天仍需进行观测。当连续观测三次沉降量或位移量在规定控制范围之内时，才能继续加载填筑施工。当填筑至上路床顶面时，若连续两个月的观测沉降量不超过 7~8 mm，则确定为沉降稳定。此时方可卸载并开始路面填筑。

（二）人工巡视检查

一般来说，现场巡视检查是一种对路堤沉降稳定情况的宏观检查，而仪器监测所获得的各监测点监测值是对路堤某个局部现象的微观反映。只有进行现场巡视检查，才有可能更好地将监测反映的局部现象联系起来，建立整体概念。因此，进行巡视检查是必要的。巡视检查的主要内容包括以下两个方面：

（1）坡顶、坡面、坡脚裂缝变形。边坡地表有无裂缝、坍塌发生，原有裂缝有无扩大、延伸，坡脚地表有无隆起鼓胀，有无剪出口，局部楔形体有无滑动现象。要及时对巡视结果进行分析，有异常情况要立即对设计进行修改，并通知施工单位采取相应措施。

（2）进行监测点的维护。在巡视进场过程中，要对各仪器监测标点、测孔等的完好性进行检查，以保证每个监测设施的安全可靠。

在路堤施工前，要做好前期的准备工作，提前勘查施工现场，选择合理的施工方案、人员组织、施工机械和路堤填料。在施工的过程中，要重视施工方法和压实工艺技术，合理安排雨季的施工工艺和进度，避免路堤病害发生。目前国内的高填方路堤施工技术已基本成熟，相应的防护工程、动态设计和监控方案已及时跟进和更新，基本可以有效地避免路堤失稳、不均匀沉降、滑坡、溜坡等问题。但我们仍应注重高填方路堤施工病害的研究与防治，强化监控方案的通用性和可行性。

第二节　路堑开挖

一、路堑开挖概述

路堑开挖是指挖方路基的施工。应根据具体情况，采用横向全宽掘进法，即沿纵向的一端或两端对路堑整个断面进行挖掘。

（一）路堑

路堑是指从原地面向下开挖而成的低于原地面的挖方路基形式。路堑按其通过的地层材料可分为土质路堑和石质路堑。堑坡高度视地形、地质和水文条件而定，坡度应满足稳定要求。断面形式有全挖式、半挖（半堤-半堑、台口）式和半山洞式。公路通过陡峻山坡上的半路堑宜用台口式，整体性好的坚硬岩层可用半山洞式。

对于深路堑，可分成几个台阶，同时在几个不同高度上掘进，以增加工作线；也可采用纵向通道掘进法，即先沿路堑纵向挖出通道，再向两侧拓宽。对于挖方量大、施工期短的深路堑，亦可采用双层式纵横通道的混合掘进方式，同时沿纵横的正反方向掘进，以扩大施工面。不论采用哪种方法，都应保证施工现场排水通畅。选择开挖方式时应根据路堑的深度与长度，以及采用的施工方法与机具类型加以综合考虑。

（二）路堑平台

路堑平台是侧沟平台与边坡平台的统称。在土质及易风化岩石路堑地段，为防止边坡剥落或坍滑下来的土、石淤积侧沟，以及侧沟水直接浸入路堑坡脚，可以在侧沟外侧与路堑坡脚之间修筑 1~2 m 的侧沟平台。为便于维修及提高边坡稳定性，可在边坡的适当高度设置一级或二级边坡平台。

二、路堑开挖施工

（一）施工准备

首先对土石的工程分级与类别按规范要求进行鉴定，然后按机具开挖或爆破开挖分别进行施工分类。测放出路堑的边线、中线，在路堑顶两侧每 5.0 m 设一固定桩，并在施工中随时检查开挖坡度，及时纠正偏差，严防超、欠挖，并做好临时排水设施。

（二）开挖的基本要求

（1）土方开挖时，将适用于种植草皮和其他用途的表土储存于指定地点，将来用作弃碴场的表面覆土。

（2）开挖土石均自上而下进行。当开挖至挡土墙顶时，边坡不得乱挖超挖，严禁掏底开挖。机械开挖时，应有人工配合。

（3）开挖石方时，对于软石和强风化岩石，能用机械直接开挖的均采用机械开挖。机械或人工不能直接开挖的石方，可以采用控制爆破法开挖。开挖时要保证路堑坡面平顺，无明显的局部高低差，无凸悬危石、浮石、碴堆、杂物。边坡上出现的坑穴、凹槽应嵌补平整。

（4）开挖平台台面设有向路基侧沟排水的坡度。

（5）开挖形成的边坡按设计要求及时防护，避免因长期暴露造成坡面坍塌。

（6）在保证路堑边坡和弃土堆稳定，对附近建筑物、农田、水利、河道、交通不造成影响，不会出现水土流失、淤塞排灌沟渠等弊端的情况下，合理确定弃土堆位置与高度。

（7）尽量考虑以挖作填，必须弃舍时要遵循高土高弃、低土低弃、劣土废弃、优土还田的原则。弃土时注意以下几点：①路堑上方和路堤边坡上不弃土。②山坡上弃土，要连续堆填；山坡下弃土，每隔适当距离在低凹处留有缺口，并保证地面水顺利从缺口排出。③沿河岸或傍山路堑的弃土，不弃入河道，以防挤压桥孔或涵洞出入口、改变水流方向和加剧对河岸的冲刷。④贴近桥墩台处不弃土，以防造成偏压。

（三）施工方法

应根据地形情况、岩层产状、路堑断面及其长度并结合土方调配确定路堑开挖方式。土质路堑采用逐层顺坡开挖。平缓地面上短而浅的土石路堑采用全断面开挖。平缓横坡上一般土石路堑采用横向台阶开挖，较深路堑采用分层开挖。土、石质傍山路堑采用纵向台阶开挖，边坡较高时要分层开挖，路堑较长时适当开设马口，以增加工作面。硬岩路堑采用风动凿岩机钻孔，预留光爆层控制爆破，装载机装车，自卸车运输的施工方法。土质和软岩路堑采用挖掘机或装载机开挖和装车，自卸汽车运输的施工方法。

1.土质和软岩路堑开挖

（1）土质和软岩路堑采用机械开挖，预留人工开挖层的施工方法，两边边坡预留 20 cm，底部预留 20 cm。开挖至预留层时，停止机械开挖，待进行路基基床施工时，用人工突击开挖。

（2）路堑开挖后表面要平顺整齐，表面做成向两侧的排水坡，表面以下地层不得扰动和泥化。

（3）按设计要求位置、形状尺寸、深度施工接触网支柱基础，有渗水暗沟时，渗水暗沟施工在接触网支柱基础浇筑达到一定强度后再挖渗水暗沟。接触网支柱基础和渗水暗沟施工后，要保证基床表层底面的排水坡。

（4）基床施工时，提前对基床底层范围内的地质进行检验，发现存在设计外的软土地基，及时上报监理单位和设计单位进行软基处理。

2.硬岩路堑开挖

（1）硬岩路堑采用爆破开挖时，施工中预留光爆层，利用二次爆破技术的主要目的：一是减少对路堑边坡及路堑基床下部岩石的爆破松动；二是增强开挖边坡的平顺性，减少超欠挖。

（2）硬质岩石基床，将路基面做成向两侧的排水坡，施工时采用光面爆破或预裂爆破，使路基面平顺、肩棱整齐，发现凹凸不平处用混凝土填平。

（3）在路堑开挖至路基面后，按设计要求位置、形状尺寸、深度施工接触网支柱基础，接触网支柱基坑必须全部用混凝土灌注。如有渗水暗沟，在接触网支柱基础浇筑达到一定强度后再挖渗水暗沟。

（4）按设计要求位置、形状尺寸开挖信号、电力电缆槽。开挖时，不得破坏堑坡坡脚。必须保证侧沟平台完整，如有破坏，则采用原加固材料补齐。

3.地下水路堑施工

（1）有地下水路堑开挖时，必须做好地面排水，施工场地内不得存积地表水，软化路基面。施工中，要随时将渗出的地下水排出施工场地。

（2）渗水暗沟沟槽开挖时，硬质岩石采用预裂爆破或光面爆破。软质岩石或土质路堑采用挖铲挖槽，确保沟槽两壁平顺。

（3）渗水暗沟基础施工时，混凝土基础表面要平整，不能出现反坡或凹凸不平现象。为了与下道工序紧密衔接，检查井与浇筑混凝土基础同时完工。

第三节　路基压实

一、路基压实工艺流程及其重要性

（一）路基压实工艺流程

对于道路工程来说，路基压实是整个工程中的一个重要施工环节，其压实质量对路基的总体性能有着重要的影响，应严格按照以下流程施工：

（1）对路基基础进行均匀压实。

（2）做好路基压实质量检验工作，对施工材料的各种性能进行检验和测试。

（3）对填充物质量进行检验，在确定填充物符合规定要求后进行填筑，并利用平土机对运送至现场的填充物进行平整。

（4）检验地基填筑物的水分含量，确定无误后，采用平土机进行分层平整，直至达到标准。

（5）平整地基后，利用振动压路机进行分层碾压。

（6）压实完毕后，应进行质量核查，确定无误后再进行一次压实，直至达到路基压实标准。

（二）路基压实施工的重要性

在道路工程中，路基是重要的基础工程，路基的压实质量直接关系到道路的整体建设质量。采取科学的路基压实技术，严格控制路基压实质量，确保路基的承载力达到公路建设标准，才能为后续的路面施工奠定良好的基础，延长道路的使用寿命，优化道路的安全性能，减少后期维修和养护费用。总体来说，路基压实是道路工程建设的一个重要环节，其施工效果与道路工程的整体建设质量有着密切联系。

二、路基压实机理及压实质量影响因素

（一）路基压实机理

不同土壤的化学性质、物理性质会有一定差别，要根据土壤的性质开展压实作业。要加强对特殊土壤的检测，增加测试频次，按照规范要求进行压实，以达到良好的压实效果。公路路基的压实主要是将土体粒子重新组合，使它们彼此接近，使较小的土体进入较大的土体内。在压实过程中，最常见的现象就是大块土体的重组，即让细小的土壤颗粒进入大的土壤颗粒的空隙中，并对其进行压实。

（二）路基压实质量的主要影响因素

1.路基土壤中的含水率

道路的地基水分含量对压实度有很大的影响，水分含量过高或过低都会使路基压实度达不到实际要求。地基的水分含量太少，会导致地基的压力增大，而含水量太高则会引起地基的不均匀沉降，这两种情况都会对地基的稳定性和承载能力产生影响。在工程实践中，施工物料的水分含量难以达到最优，通常要求物料的水分含量与最优含水量相差±2.1%，在满足该要求后才能进行压实施工。

2.碾压施工过程

在路基施工过程中，不同的碾压施工环节对压实效果的影响很大，碾压次数、厚度、速度、压实设备等都会影响实际压实效果。

首先，路基压实设备的选择会直接影响路基的压实质量。施工设备的类型取决于施工地质条件、施工规模、填料种类等，主要可以分为振动型、夯实型、静碾型等。应按不同的条件选用不同的设备。

其次，土体结构的厚度和宽度会给路基的压实质量带来影响。路基的压实质量与其厚度和宽度有一定关系。为了防止地下水上渗或地表水下渗问题，必须对稳定性不佳的粉性土壤密度进行提升，确保其宽度达标，能够起到良好的隔水作用，从而使路肩和路面的连接性得到增强。

最后，要掌握好碾压速度，这也是最关键的一点。合理的碾压速度是提高路施工效率、确保路基压实质量的有效途径。

3.路基材料的配合比

在路基压实中，物料的配比对地基的压实质量也有直接影响。由于地基土含水率的增加，地基在压缩过程中会产生虚膨胀现象，需要采用不同比例的压缩试样进行现场试验，以确定最优的比例。在正式开展压实施工作业之前，必须注重材料的科学配比。

三、路基压实施工质量控制技术

（一）做好施工前的准备工作

在施工前，施工方会根据业主提供的信息，对路基进行测量。测量工作结束后，要将道路上的垃圾、树根等杂物清理干净，并做好排水工作，这样才能保证工程的顺利进行。另外，在进行施工前，要对仪器进行检验，防止与实际数据有出入，确保仪器的各种参数设置精确。另外，要严格控制路基的压实宽度和厚度。在建设过程中，要按照技术要求采取相应的控制措施，并对具体的土层进行检测。每一次填筑完成后，都要测量土层厚度，以保证路基的最终压实效果。

（二）路基填土的选择

在地基处理过程中，若地基的土质条件差，那么即使碾压过程符合标准，也很难达到比较理想的压实效果。因此，所有的路基填筑都要进行测试。地基的碾压施工会使地基的自然状态发生变化，造成结构疏松，从而导致颗粒再聚。地基的承载能力与路基压实度之间存在一定的联系，为了保证地基的强度和稳定性，进一步改善地基的密实程度，必须采用合适的夯实技术进行夯实，以提高地基的承载能力。影响路基压实效果的因素有内部和外部两个方面，其中内部影响因素是土壤和水分，外部影响因素是压实作用和环境因素。土质对地基的压实作用有较大的影响，所以在工程建设中应选择合适的填筑材料。

（三）含水量的控制

压实后，地基的稳定性与强度均得到有效改善，而填筑物的压实度则受到其本身含水率的影响，只有在最优的含水率下进行碾压，才能达到理论上的压实标准。为了达到较好的碾压效果，在实践中，填料的实际含水率不得超过最优含水率的±2%。确定添加量之后，在进行取土前，要保证水分能够均匀地渗透到土壤中。另外，还可以将土块运送至路基处，由洒水车将水均匀地洒入填筑物中，再由搅拌机进行搅拌，直至完全均匀。

（四）填方铺筑压实质量的控制

在进行地基填埋之前，要对各主要取土场地土壤样品进行试验，并利用指定的计算公式得到不同土壤样品的水分含量。为了对地基进行有效处理，使结构层板均匀化，应该从压实效果和对路面的影响两个方面来评估，体现结构层板效应对路面总体变形和稳定性的影响。特别是粉性土壤的耐蚀性较差，必须具有较高的压实度和较好的整体性，方可达到对地表水体的封堵和截流效果。如果地基局部的强度不够，则会影响整条公路的建设质量。

路基的边沿是容易被忽视的地方，土质比较疏松，雨水后很易发生滑坡，所以在路基的两边可以采取宽填措施，在压实工作结束后，按照规定的宽度和斜度进行刷齐整平。压实厚度对压实效果影响较大，在同一压实情况下，不同深度的土层压实程度随压实深度而减小。在压实机的作用距离之外，土壤的致密性不能满足要求。在施工中，按填土厚度和松散系数，确定单位面积的实际用土量，并用灰色线条画出网格，然后在每个格子中铺筑一定数量的土方，这个过程需要在技术人员指导下进行。每一列的土堆都是彼此分开的，这样有利于推土机和平地机的顺利施工。在碾压之前，要先检查土层的厚度，符合要求后再进行碾压。

（五）碾压作业过程的控制

压实作业必须遵循"先轻后重、先慢后快、先边后中、前后两个轮径重合轮径 1/3"的原则。对于振动压路机，应先采用低频，再采用高频，这是由于低频率的碾压振幅较大，对深层致密有利，而高频率的碾压振幅较小，对浅层致密有利。在首次碾压作业结束后，宜采用纵向回填法进行二次碾压。在填筑土壤时，应采用纵向分支法，按照从两侧到中间、从曲线内部到外部的顺序进行填筑。纵向分块完成后，要进行二次压模。纵向接头处的压片应重叠 1～2 m，保证接缝处平稳过渡。

四、路基压实度检测方法及注意事项

目前已有多种地基压实测试的方法，如灌砂法、环刀法、核子密度仪法、蜡封法、水袋法等。目前，最常见的是灌砂法、环刀法和核子密度仪法。在实际工程中，应结合公路建设的实际情况，选用合适的测试方法。

（一）灌砂法

在许多项目中，灌砂法检测技术是测量压实度的重要手段，虽然操作比较简单，但在实践中往往难以把握，容易出现很大的偏差。这里对细粒土、砂类土进行实地测量，其最大粒度为 5～60 mm，测量层的厚度是 150～200 mm。对于最大颗粒直径不大于 13.2 mm、测量层厚度不大于 150 mm 的颗粒，应选用 ϕ100 mm 的小直径灌砂管进行试验。当最大颗粒直径超出了 13.2 mm 但低于 31.5 mm，而测量层的厚度小于 200 mm 时，应选用 ϕ150 mm 的大直径灌砂管进行试验。由于工程场地较复杂，因此在检测过程中需要注意以下几点：

（1）量砂要有规律，若反复使用，务必做好干燥处理工作，否则会影响砂的松方密度。

（2）每次更换量砂时，都要测量其松方密度，并再次测量漏斗中的砂量。

（3）地面处理要平整，否则会影响测试的效果。

（4）在灌砂过程中，所测的厚度应是整个碾压层的厚度，而不能仅在上面和下面的碾压层中进行测量。

（二）环刀法

环刀法是一种传统的现场密度测量方法，适合细粒土壤和无机结合料的压实度检测。用环刀法测量的密度为环刀中土壤样品所处深度的平均密度，并不能反映出全部压实的平均密度。

由于碾压土的密度通常由上向下递减，若环刀在碾压层的上端，其测量结果通常较大，若环刀在压实层的底面，用环刀法测量土壤密度时，必须保证得到的测量结果能够反映全部碾压层的平均密度。因此，在检验时，环刀所取的土壤应该是碾压层中部的土壤，保证得到的结果与实际情况相近。

（三）核子密度仪法

核子密度仪是一种适合细粒土和粗粒土的测量仪器，它具有使用方便、操作快捷的优点，在很多工程现场都使用它来进行质量控制和质量评价。但是，由于测量层的温度和各种外界因素的影响，测量结果具有很大的波动性，所以要求测量时频繁地进行校准，并且在使用之前对设备进行预热。

综上所述，在道路路基工程中，路基压实是一个十分关键的施工环节，对公路建设项目的整体施工质量有着直接的影响，所以要对路基压实施工质量进行严格控制。

具体来说，可以从施工前的准备工作、路基填土的选择、土体含水量的控制以及实际压实过程的质量控制等方面对路基压实施工质量进行严格控制，从而为公路工程整体建设质量奠定良好的基础。

第六章 路面基层与施工

第一节 路面基层的基础知识

一、路面基层的分类

路面基层是在路基（或垫层）表面上用单一材料按照一定的技术措施分层铺筑而成的层状结构，其材料与质量的好坏直接影响路面的质量和使用性能。基层是整个道路的承重层，起稳定路面的作用。

（一）无机结合料稳定基层

1.水泥稳定土

（1）水泥土（砂石屑）。用水泥稳定细粒土得到的、强度符合要求的混合料，视所用的土类而定，可称为水泥土、水泥砂或水泥石屑。水泥土不得用作二级或者二级以上公路高级路面的基层，可作底基层，也可作其他各级公路的基层和底基层。

（2）水泥碎石（砂砾）。用水泥稳定中粒土和粗粒土得到的、强度符合要求的混合料，视所用原材料而定，可称为水泥碎石、水泥砾石，适用于各级道路的基层和底基层。水泥碎石、水泥砂砾常用于水泥混凝土路面基层、沥青混凝土路面基层。

2.石灰稳定土

（1）石灰土。用石灰稳定细粒土得到的强度符合要求的混合料，称为石灰土。石灰土不得用作二级公路的基层和二级以上公路高级路面的基层，只作底基层。

（2）石灰砂粒（碎石）土。用石灰稳定中粒土和粗粒土得到的、强度符合要求的混合料，视所用原料而定。原材料为天然砂砾土或级配砂砾时，称石灰砂砾土；原材料为碎石或级配碎石时，称为石灰碎石土。石灰砂砾土、石灰碎石土适用于各级公路的底基层，以及二级和二级以下公路的基层。

（3）水泥石灰综合稳定土。同时用水泥和石灰稳定某种土得到的混合料，简称"综合稳定土"。采用综合稳定土时，若水泥用量占结合料总量的30%以上，按水泥稳定土考虑；否则，按石灰稳定土考虑。

3.石灰工业废渣稳定土

（1）石灰粉煤灰类

①二灰土。用石灰、粉煤灰稳定细粒土（含砂）得到的混合料，称为二灰土。二灰土不得用作二级和二级以上公路的基层，可作底基层，也可作其他各级公路的基层和底基层。

②二灰砂砾（碎石）。用石灰、粉煤灰稳定中粒土和粗粒土得到的混合料，视所用材料情况可称为二灰砂砾或二灰碎石。二灰砂砾、二灰碎石适宜于作各级公路、城市道路的基层和底基层。

③二灰矿渣。石灰、粉煤灰稳定钢渣、高炉重矿渣（须经水淬等方法处理或经陈化稳定者）得到的混合料，称为二灰钢渣、二灰重矿渣。二灰钢渣、二灰重矿渣适宜于作各级公路、城市道路的基层。

（2）石灰煤渣类。用石灰稳定煤渣（或再添加土、粒料等）得到的混合料，视情况分别称为石灰煤渣、石灰煤渣土、石灰煤渣粒料等，均适宜于作道路的基层和底基层。

（3）石灰钢渣类。用石灰稳定钢渣得到的混合料，称为石灰钢渣（或钢渣石灰）。如再加土，得到的混合料则称石灰钢渣土（或钢渣石灰土）。用石灰、水淬渣稳定碎石得到的混合料称为石灰水淬渣碎石,均适合用作各级公路、城市道路的基层。

(二)碎、砾石基层

1.级配碎石

粗、细碎石集料和石屑各占一定比例,并且其颗粒组成符合密实级配要求的混合料,称级配碎石。级配碎石适用于各级公路和城市道路的基层和底基层,在一般道路上作基层时,其最大粒径应控制在 40 mm 以内;在高级道路(高速公路、一级公路、城市快速路和主干路)将级配碎石用作基层以及沥青路面面层和半刚性基层的中间层时,其最大粒径宜控制在 30 cm 以下。

2.级配砾石

粗、细砾石集料和砂各占一定比例,并且其颗粒组成符合密实级配要求,其塑性指数和承载比符合要求的混合料,称级配砾石。级配砾石可使用于轻交通二级和二级以下公路的基层,以及各级道路的底基层。

3.填隙碎石

用单一尺寸的粗碎石作集料,形成嵌锁结构,再用石屑填满碎石的空隙,增加密实度,提高稳定性,这种路面结构层称作填隙碎石。填隙碎石可使用于各级道路的底基层和二级公路以下的基层。

4.沥青稳定碎石

沥青稳定碎石是类似于填隙碎石,但在铺筑时洒浇少量沥青于碎石层中,促进碎石层压实成型的一种填隙碎石结构层体,更有利于增加密实度,提高稳定性。沥青稳定碎石用作高级路面的基层,可以起衬垫作用。

二、路面基层的特点

（一）无机结合料稳定基层

1.水泥稳定土

用水泥稳定粗粒土（颗粒的最大粒径小于 50 mm 且其中小于 40 mm 的颗粒含量不少于 85%）和中粒土（颗粒的最大粒径小于 30 mm 且其中小于 20 mm 的颗粒含量不少于 85%）得到的混合料，视所用原材料为碎石或砾石，而称为水泥碎石或水泥砂砾。其特点是强度高，水稳性好，抗冻性好，耐冲刷，温缩性和干缩性均较小，是一种优良的基层材料，用于水泥混凝土路面基层及各级沥青路面基层。

2.水泥土

用水泥稳定细粒土得到的混合料，称为水泥土；稳定砂得到的混合料，称为水泥砂。其特点是强度较高，水稳性、抗冻性比较好，但易干缩和冷缩，产生较多裂缝，不能用作高级路面基层，但可用作高级路面底基层和其他次高级路面基层、底基层。

3.石灰稳定土

（1）石灰粒料

用石灰稳定粗粒土和中粒土得到的混合料，视所用原材料为砂砾土（天然砾石土或无土的级配砂砾）或碎石土（天然碎石土或级配碎石、统货不筛分的碎石），称为石灰砂砾土或石灰碎石土。其特点是强度、水稳性、抗裂性均优于水泥土、石灰土，但不及水泥碎石（砂砾）和二灰碎石（砂砾）。

（2）石灰土

用石灰稳定细粒土得到的混合料，称为石灰土。其特点是具有板体性，强度比砂石路面要高，有一定的水稳性和抗冻性，初期强度低，但其强度随龄期较长时间增长，收缩性大，容易开裂。

石灰粒料适宜作二级和二级以下公路与城市次干道的基层，也可作各级路面的底基层。石灰土不宜用于潮湿路段。

4.水泥综合稳定石灰土

同时用水泥和石灰稳定某种土得到的混合料，称为水泥综合稳定石灰土。综合稳定时，若水泥用量占结合料总量的 40%以上，按水泥稳定类考虑；否则，按石灰稳定类考虑。

5.石灰工业废渣稳定土

（1）二灰粒料

用石灰、粉煤灰稳定粗粒土和中粒土得到的混合料，视所用材料情况称为二灰砂砾或二灰碎石。其特点是除早期强度偏低外，其他特点类同水泥砂砾（碎石），但抗裂性更好。用石灰、粉煤灰稳定钢渣、高炉重矿渣（须经水淬或经陈化稳定）得到的混合料，称为二灰钢渣、二灰重矿渣。其特点同二灰粒料。二灰粒料适宜作各级公路、城市道路的基层。

（2）二灰土

用石灰、粉煤灰稳定细粒土（含砂）得到的混合料，称为二灰土。其抗压强度及抗冻性优于石灰土，收缩性小于水泥土和石灰土，但早期强度低，施工受季节限制。二灰土不能用作高级路面基层，可用作高级路面底基层和其他次高级路面基层、底基层。

（3）二渣类

用石灰稳定煤渣（或再添加土、粒料等）得到的混合料，视所用材料情况称为二渣、二渣土、三渣、三渣土等。二渣类适宜作道路的基层和底基层。

（4）石灰钢渣类

用石灰稳定钢渣得到的混合料，称为石灰钢渣或钢渣石灰。如再加土得到的混合料则称石灰钢渣土。用石灰、水淬渣稳定碎石得到的混合料称为石灰水淬渣碎石。钢渣混合料的早期强度和整体强度均高于碎石灰土和二灰碎石，是一种优质的半刚性材料，路用性能非常优良，适合作各级公路、城市道路的基层。

（二）碎、砾石基层

1.级配型粒料

（1）级配碎石

粗、细碎石集料和石屑各占一定比例，并且其颗粒组成符合密实级配要求的混合料，称级配碎石。其特点是强度较高、稳定性较好，是级配集料中最好的材料，也是无机结合材料中最好的材料。级配型料粒适用于各级公路和城市道路的基层和底基层。在一般道路上用作基层时，其最大粒径应控制在 40 mm 以内。优质级配碎石作为沥青路面面层和半刚性基层的中间层时，其最大粒径应控制在 30 mm 以下。

（2）级配砾石

粗、细砾石集料和砂各占一定比例，并且其颗粒组成符合密实级配要求的混合料，称级配砾石。其特点是强度低、稳定性较差，其材料性质是级配集料中最差的一种。天然砂砾掺加部分未经筛分的统货碎石，称级配碎砾石。其强度和稳定性介于级配碎石和级配砾石之间。

级配碎砾石可用于一般道路（二级和二级以下公路、城市次干道等）的基层，以及各级道路的底基层；级配砾石可用作轻交通道路路面的基层以及各级道路的底基层。

2.嵌锁型粒料

（1）填隙碎石

用单一尺寸的粗碎石作主骨料，形成嵌锁，再用石屑填满碎石间的空隙，增加密实度，提高稳定性，这种路面结构称作填隙碎石，适用于各级道路的底基层和一般道路的基层。

（2）沥青稳定碎石

类似于填隙碎石，但在铺筑时浇洒少量沥青于碎石层中，促进碎石层压实成型的一种改进填隙碎石，更有利于增加密实度，提高稳定性，是一种优质基层材料，用作高级路面的基层，特别适用于原有结构层整平后作基层。

三、路面基层的作用与基本要求

（一）沥青类路面基层的作用与基本要求

1.沥青类路面基层的作用

沥青类路面通过厚度较薄的柔性面层分布传递荷载于基层，常须铺筑较厚的基层作为承重层；有时当基层厚度较大时，还可视受载情况和当地材料供应情况等分两层铺筑。直接位于沥青面层（可以是一层、二层或三层）下用高质量材料铺筑的上层为主要承重层，称作基层；位于主要承重层之下用质量较差一些的材料铺筑的下层为次要承重层，称作底基层。

2.沥青类路面基层的基本要求

（1）强度和刚度

有足够的强度和刚度，不产生不容许的残余变形，不产生剪切破坏（粒料基层）和弯拉破坏（结合料稳定基层）。基层的刚度（回弹模量）与面层的刚度相匹配，如面层和基层的刚度差别过大，面层会由于过大的拉应力产生的拉应变而开裂破坏。宜优先采用结合料稳定基层。

（2）稳定性

有足够的对水稳定性和抗冻性（冰冻地区）。调查试验表明，水分从沥青路面中蒸发出来要比渗透进去困难得多、慢得多。通常要限制不用结合料稳定的材料中小于 0.5 mm 颗粒的含量和塑性指数。

（3）平整度

有足够的平整度。薄的沥青面层的平整度受基层平整度的影响较大，特别是沥青表面处治通常只有 1.5～3 cm 厚，几乎不能调整基层表面的不平整。基层的不平整，常反映于面层。与面层的结合基层应与面层结合良好，这样可以减少面层底面的拉应力和拉应变（一般情况下可减少 50%以上，甚至减少到原来的 1/4），使薄沥青面层不发生滑动、推移等破坏。为此，基层表面应稳定、粗糙、干燥、无尘、无松散颗粒。

（4）厚度与宽度

厚度由设计确定，但其最小厚度要大于由施工工艺所要求的最小厚度或当地经验所认定的最小厚度。宽度应大于其上面层的宽度，一般每边至少宽出 25 cm，以利于面层的碾压和设置路缘石或平石。

（二）水泥混凝土路面基层的作用与基本要求

1.水泥混凝土路面基层的作用

水泥混凝土路面通过厚度较厚的刚性路面板（面层）极大地扩散荷载，故分布于基层的荷载很小，水泥混凝土路面板本身就起到了承重作用。但是水泥混凝土是脆性材料，变形能力较小，抗弯拉强度仅有抗压强度的 1/6 或 1/7 左右。因此，要求混凝土板下的基础起连续、均匀支承的弹性地基作用，使混凝土板获得可靠的支撑，不脱空，从而充分发挥水泥混凝土板的承重作用。通常水泥混凝土路面基层厚度比沥青类路面基层要小得多，一般不设底基层。

2.水泥混凝土路面基层的基本要求

（1）强度和刚度

有一定的强度和刚度，坚实、抗变形能力强，地板连续、均匀支承，不脱空。基层顶面的回弹模量视交通量等级而定，不小于 80～120 MPa。

（2）稳定性

有足够的对水稳定性并耐冲刷。冰冻地区需要有足够的抗冻性。

（3）平整度

有足够的平整度，使混凝土板面的厚度均匀。

（4）厚度与宽度

厚度由设计确定，但其最小不小于 15 cm。宽度应比混凝土板每边至少宽出 25～35 cm，以利于支设模板和设置路缘石或平石。

第二节　碎（砾）石基层

一、优质级配碎石基层

（一）材料要求

优质级配碎石基层强度主要来源于碎石本身强度及碎石颗粒之间的嵌挤力。因此，对于碎石基层应保证高质量的碎石，获得高密度的良好级配和良好的施工压实手段。我国《公路工程集料试验规程》（JTG E42—2005）在总结国内外经验及国内使用情况的基础上，规定高速公路和一级公路路面级配碎石集料压碎值应不大于 26%。研究表明，集料中小于 0.5 mm 的细料含量及其塑性指数对级配碎石的力学性质有明显的影响。因此，从结构强度和结构层排水综合考虑，建议液限小于 25%，同时规定小于 0.5 mm 的细料应无塑性，如特殊情况下难以做到，则塑性指数应小于 4%。

（二）级配要求

级配是影响级配碎石强度与刚度的重要因素。一般来说，密实的级配易于获得高密度，从而使级配碎石获得高的 CBR 值和回弹模量。用于高级公路基层或用于半刚性基层和沥青面层之间的最佳级配优质碎石，其级配应能获得最大密实的集料，并具有较好的透水性。

（三）参数特点

回弹模量是表征级配碎石刚度的重要指标及设计参数。一般来说，级配碎石的回弹模量明显低于半刚性基层材料，然而与半刚性材料不同的是，级配碎石材料具有较显著的非线性。这种非线性特性使其在刚度较大的下卧层上表现出较大的回弹模量，从而亦具有足够的抵抗应力和变形的能力，最终使得级配碎石作为上基层不仅具有减缓半刚性沥青路面反射裂缝的作用，同时也具有较好的抗疲劳能力。

二、碎（砾）石路面养护

碎（砾）石路面养护的主要任务是：在各种交通组成和交通量的负荷下，使路面保持应有的强度和平整度；对路面在车辆荷载与自然因素影响下产生的病害，如沉陷、松散、坑洞、车辙及裂缝等，进行事前预防及事后及时维修，使其经常保持良好的状态，以便利行车，并延长使用寿命。为提高碎（砾）石路面的平整度，抵抗行车和自然因素的磨损和破坏作用，应在面层上加铺磨耗层和保护层。

（一）磨耗层与保护层

1.磨耗层

磨耗层是路面的表面部分，用以抵抗由车轮水平力和轮后吸力所引起的磨损和松散，以及大气温度、湿度变化等因素的破坏作用，并提高路面平整度。磨耗层应具有足够的坚实性和稳定性，通常多用坚硬、耐磨、抗冻性强的级配粒料来铺筑。磨耗层的厚度视材料和交通量大小而定，不宜过薄，以免抗磨能力过低，引起过早损坏；也不宜过厚，避免材料浪费和产生车辙。采用坚硬小砾石或石屑时，宜厚 2～3 cm；采用砂土时，宜厚 1～2 cm；采用软质材料时，宜厚 3～4 cm。加铺磨耗层时，宜先整平路面凹坑，矫正路拱，清除面上浮土和松散颗粒，然后洒水，将拌好的混合料均匀铺撒于原路面上。其松铺厚度为压实厚度的 1.3～1.4 倍，即用轻型压路机压 3～4 遍，使形成密实平整、稳定的表层。开放交通两周内调节行车路线，使磨耗层得到全面压实，并适当洒水，以保持最佳含水量。

2.保护层

保护层在磨耗层上面，用来保护磨耗层，减少车轮对磨耗层的磨损。加铺保护层是一项经常性措施。保护层厚度一般不大于 1 cm。按使用材料和铺设方法的不同，保护层分为稳定保护层与松散保护层两种。前者系使用含有黏土的混合料，借行车碾压，形成稳固的硬壳，黏结在磨耗层上；后者是只用粗砂或小砾石而不用黏土，在磨耗层上呈松散状态。稳定保护层的做法，是在润湿的磨耗层上浇洒一层黏土，用扫帚扫匀，或先铺黏土，洒水扫浆，接着撒铺粗砂或石屑，扫匀后控制行车碾压。稳定保护层有砂土混合料与土砂封面两种。松散保护层施工简便，而且可使车轮水平力所产生的能量（动能）大部分转化为松散颗粒自由移动（位移）的位能，从而大大减少了车轮水平力对磨耗层的损坏作用。因此，只要不断回砂、扫砂，就可保护磨耗层不致过早损坏。松散保护层一般适用于南方潮湿地区。稳定保护层行车阻力小，养护用料少，但施工技术较复杂，在干旱和大风地区宜于采用。

（二）碎（砾）石路面养护维修与改善

碎（砾）石路面在行车作用下产生的病害和破坏现象有磨耗层破损，路面出现坑槽、车辙、松散以及搓板等。

1.磨耗层的修理

在行车作用下，如磨耗层坎坷不平，可铲去凸出部分，并用同样的级配混合料补平压实。如磨耗层损坏过甚，或大部分被磨坏，应先划出整齐的修补范围，清除残余部分，整平底层，洒水润湿，然后按新铺磨耗层的方法用与周围同样的混合料来铺筑。磨耗层经行车磨损而厚度逐渐减薄时，可用同样材料加铺一层。为使上下层结合良好，须先将旧磨耗层上的浮砂、泥土等扫净，进行擦毛，然后撒铺薄层黏土，洒水扫浆，或浇洒一薄层黏土浆，将拌和好的混合料铺上，整平，洒水压实。

2.坑槽、车辙的修补

路面上出现坑槽和车辙后，为避免积水和扩大损坏范围，应按破坏面积大小及深浅程度采取下述不同方法及时修补，修补时尽量采用与原路面相同的材料。对较小较浅的坑槽和较浅的车辙，可先将坑槽和车辙内及其周围的尘土杂物清除，洒水润湿，再用与原路面相同的材料拌和填补，并夯压密实。若坑槽或车辙较深、面积较大，应划定较整齐的范围，按矩形开挖，壁应垂直，深度应不小于坑槽最大深度，也不得小于修补用材料最大颗粒的 1.5 倍。挖槽后，清除槽内杂物并整平槽底，旧路面材料可过筛重用。坑槽的填补，对泥结碎石或级配路面，一般用干拌、浆拌或灌浆法来填补；对水结碎石路面，可将筛出的石料铺于槽底，再添加新石料，耙平，夯压。夯实工作应按先轻后重、先边后中的方法进行，夯实后的补坑部分应略高于原路面，以便行车继续压实。

3.路面松散和波浪（搓板）的防治

路面呈现松散多在干燥季节，主要由于所用材料结合力不够、拌和不匀、碾压不实或保养不善等所造成。当松散层厚度不大于 3 cm 时，可将松散扫集起来，整平路面表层，扫除泥土，洒水润湿，把扫集起来的砂石进行筛分，并添加新料的黏土洒水重拌，重铺压实。当松铺厚度大于 3 cm 时，可按前述补坑方法处理，但应适当提高加铺材料的塑性指数，混合料塑性指数宜大于 10，黏土塑性指数最好大于 15。为了防止路面松散，应采取预防措施，以消除或减轻松散范围的扩大。平时要使路面保持一定的湿润程度，以增强其稳定性。在气候干燥时应洒水，结合就地取材，可添加食盐或盐水。

水泥稳定碎石具有成形快、力学性能、水稳性能以及抗冻性好等优点，适应于新建和改建各种等级道路的半钢性路面结构。近几年在我国道路施工中被广泛应用。尽管其优点较多，若不能把握它的质量特性及施工工艺控制要点，易产生一些影响较大的质量缺陷，也难以发挥它一定的长处，甚至还会留下工程质量隐患。从水泥稳定碎（砾）石生产施工过程抓起，识别和控制起主导影响作用的因素和过程参数，并实施连续监控，是保障道路工程整体质量的关键所在。

三、水泥稳定碎（砾）石拌和生产设备

（一）拌和设备

选择性能良好的水泥稳定碎（砾）石拌和设备，是保障混合料质量的关键，同时也对施工作业的连续性起着至关重要的作用。WCQ300 型稳定土厂拌设备是由陕西建筑机械公司制造，其最大特点是粉料计量系统采用了螺旋电子称自动控制连续计量替代容积式计量，将粉料（水泥或水灰）的计量精度大大提高。搅拌机主机采用双卧轴强制式无衬板搅拌技术，生产率达 300 t/h，具备拌和效率高、适应性强等特点。

（二）混合料拌和过程控制

配料要准确，出厂的含水量要略大于最佳含水量，使混合料运到现场摊铺后碾压时含水量不小于最佳含水量，拌和均匀无花白料。

在正式拌制水泥碎石混合料前，必须先调试厂拌设备，使混合料的颗粒组成和含水量以及试件的干密度和强度都达到规定的要求。原集料的颗粒组成发生变化时，应相应调整。

螺旋送料器及水泥罐的下料口要经常进行检查，一旦发现下料不正常，要及时停机清理，此处关键部位最易因水泥受潮固结堵塞下料口，造成水泥剂量达不到级配要求。

四、混合料的原材料控制

（一）水泥

使用普通硅酸盐水泥、矿渣硅酸盐水泥或火山灰质硅酸盐水泥均可，但施工时应选用初凝时间 3 h 以上和终凝时间较长（宜在 6 h 以上）、标号较低的水泥，以便水泥稳定碎石有足够的时间进行拌和、运输、摊铺、碾压，保证其具有足够的强度。不应使用快硬水泥、早强水泥以及受潮变质的水泥，水泥强度等级宜采用 32.5 或 42.5。

（二）骨料水泥

稳定碎石骨料最大粒径控制在 37.5 mm 以内。轧制碎石的材料可以是各种类型的岩石（软制岩石除外），碎石中针片状颗粒的总含量不超过 20%，碎石中不应有黏土块、腐质物等有害物质，石屑或细集料可以使用一般碎石场的细筛余料或专门轧制的细碎石集料，也可以用天然砂砾或粗砂代替石屑。天然砂砾的颗粒尺寸应该合适，必要时应筛除其中的超尺寸颗粒。天然砂砾或粗砂应用较好的级配。对于拌和料用水，人或牲畜饮用的天然洁净水均可使用。当水中有相当量的杂质（泥、黏土、酸碱和其他的盐类、有机物等）时，会对混合料会产生不利影响，因此遇此种水时，要进行试验鉴定。

五、拌和站运行过程中的质量控制

（一）严格控制水泥剂量

水泥剂量太小，不能保证水泥稳定碎石的施工质量；水泥剂量过大，不仅不经济，还会使基层的裂缝增多、增宽，从而引起沥青面层产生相对应的反射裂缝。考虑到施工时各种损耗，工地实际采用的水泥剂量应比室内试验确定的剂量多 0.5%，以确保水泥稳定碎石的质量，但应控制不超过 6%，以减少混合料的收缩性。

（二）含水量对施工的影响

根据试验，一般情况下拌和含水量略高 0.5%～1.0%，以弥补混合料在运输、摊铺和碾压过程中的水分损失。含水量过大，既会出现"弹簧""波浪"等现象，影响混合料应达到的密度和强度，也会增大混合料的干缩性，使结构层容易产生干缩裂缝；含水量过小，既会使混合料松散，不容易碾压成型，也会影响混合料可能达到的密度和强度。施工过程中要根据气温情况及时调整混合料的含水量，一般应控制在略大于最佳含水量，此时效果最佳。同时，还要凭施工经验和现场碾压的效果来确定含水量。

六、混合料的运输

应配备足够的运输车辆以保证施工作业的连续性，一般在摊铺机前保持 3～5 辆运输车为宜。在运输过程中尽量避免中途停车，要选择好行车路线以便较快地到达施工现场，以确保混合料的延迟时间和不产生离析现象。此外，还要根据运距和天气情况考虑混合料是否需要加覆盖，以防水分过分损耗。

七、混合料的摊铺

（一）现场准备

在摊铺基层前一定要对基层的高程、宽度、横坡度等进行全面的检测，凡检测不合格者必须采取必要的措施进行补救，达到要求后方可进行下道工序施工，同时要将基层上的浮土、杂质清扫干净，以免产生松散、起皮等现象。开始摊铺基层时，要在旧路面上洒水使其表面保持湿润，避免基层与旧路面间留有软弱夹层等。在准备进行施工放样时，为避免由于基准钢丝绳的垂度而影响基层摊铺的平整度，其钢钎支柱纵向间距不宜过大，一般为 5~8 m，遇道路弯道处钢钎要适当加密，同时要防止现场作业人员扰动钢丝绳，避免造成摊铺面的波动。钢钎上挂高强度钢绞线，其张拉长度控制在 100~150 m 左右，用拉紧器拉紧，并且在摊铺前及时进行高程、横坡度等项指标的检查，发现问题及时处理。

（二）混合料摊铺控制

1.选择适宜的摊铺设备

为了满足和保证工程质量的要求，应尽可能采用沥青混凝土摊铺机、水泥混凝土摊铺机、稳定土摊铺机等机械进行混合料的摊铺作业。一般工程选用两台沥青混凝土摊铺机，半幅施工同时进行，两机前后交错 4~5 m。根据路面宽度 29 m 的情况，拼装宽度分别为 7.5 m 和 7.0 m，满足了工序控制要求。当水泥碎石混合料运至工地后应及时进行摊铺作业。

2.施工过程注意事项

施工人员应随时测高程并及时处理不平处。为确保摊铺机行走方向的准确性，可在旧路面上洒白灰线以控制摊铺机行走方向，摊铺机应保持适当的速度匀速行驶，不宜间断，以避免基层出现"波浪"和减少施工缝。现场试验人员要随时检测成品料的配合比和水泥剂量，并及时反馈给拌和站，杜绝不合格品进入施工现场。摊铺机的配合人员应随时检查松铺厚度、高度和横坡度等参数，如发现与设计不符等情况，及时进行调整。同时，设专人消除粗细集料离析现象。如发现粗集料料窝应予以铲除，并用新拌和料填补。此项工作必须在碾压之前进行，严禁碾压后用薄层贴补法找平，以免贴补层在使用过程中脱落压碎，引起沥青面层推移或碎裂。水泥碎石混合料的松铺厚度应根据其级配情况和摊铺机实际性能经试验确定，切不可一概而论。厚度是保证质量的关键，也是过程控制要点，应加大监控频次。

接缝有纵向接缝和横向接缝两种。为尽量减少纵向接缝长度和时间，我们采取了半幅双机摊铺作业日工作段调头方式，对提高纵向接缝强度起到了较好的效果。纵缝施工采用了与压实厚度相同方木沿路中心摆放固定方式（外侧虽无接缝但为了减少混合料浪费采取同样施工方法），第二天摊铺另半幅时将方木移走，在纵缝处刷一道水泥素浆便于结合。横向缝的处理方法是将前一工作日的摊铺料端头铲除至符合基层高程和平整度要求的路段，挖成一横向（与路中心垂直）垂直向下的断面，摊铺机返回到已压实层的端部，用垫木垫至虚铺高度，再摊铺新的混合料，在接缝处同样刷一道水泥素浆便于结合。摊铺机作业纵横缝必需垂直相接，不应斜接。横缝接头处上一工作日路段高程、坡度必需符合基层设计要求。

八、混合料的压实

当混合料已经摊铺成型，在含水量等于或略大于最佳含水量的状态下即可进行碾压。碾压长度可根据施工现场的气温情况进行适当选择。气温高时，水分蒸发快，需缩短碾压段长度；反之，可适当延长碾压段长度。但应在水泥初凝前并在试验确定的延迟时间内完成碾压，且达到要求的密实度，同时没有明显的轮迹。机具的配备和组合及碾压遍数必须通过铺筑试验段来确定。

工程一般配备 1 台 CA30 振动压路机，2 台 3Y18-21 三轮压路机，碾压时先用振动压路机不开振碾压（静压）1 遍，再开振碾压 2 遍，然后用三轮压路机压 2 遍，最后用振动压路机不开振碾压一遍消除轮迹。静压速度为 1.5 km/h，振压速度为 2 km/h，压实应遵循"先轻后重、先快后慢"的原则。由路边缘向路中心碾压，即先边后中。碾压时，轮迹应重叠 1/2 轮宽。后轮必需超过两段的接缝处，后轮压完路面全宽时，即为一遍，一般需压 6～8 遍。严禁压路机在已完成或正在碾压的路段上调头和急刹车，保证已完成的水泥稳定碎石基层表面不受破坏。

九、混合料的养生

每一段碾压完成并经压实度试验合格后应立即开始养生，不能延误。可采用草帘进行养生，并用洒水车洒水。洒水时应注意，在终凝前禁止洒水，以防表面脱浆，从而造成离析现象。洒水次数可以根据天气和气温确定，但必须保持草帘湿润。特别要注意对边侧的养生，洒水一定要到位，防止干燥或忽干忽湿，确保整个养生期间水泥稳定碎石基层表面始终保持潮湿状态。养生期不宜少于 7 天。如养生期少于 7 天即铺筑沥青面层，则应限制重型车辆通行。养生期间水泥稳定碎石基层上应封闭交通。

十、裂缝及处理措施

（一）沥青面层裂缝原因

碎石基层上的沥青面层裂缝是常见病害之一，出现的原因主要有水泥稳定碎石混合料因温缩、干缩而引起收缩裂缝，进而反射至沥青面层，混合料中粗细集料离析以及接缝没有做好等。

（二）常见的处理措施

应在春末和气温较高季节组织施工。施工期的日最低气温在 5℃以上，在有冰冻的地区，应在第一次重冰冻（-3～5℃）到来之前半个月到七个月完成。雨季施工要特别注意天气变化，勿使水泥混合料遭雨淋。降雨时要停止施工，对已经摊铺的水泥混合料应尽快碾压密实并做好防水覆盖。

应及时保温养生，且养生天数要足够。养生期结束后，如其上为沥青面层，应先清扫基层，并立即喷洒透层或黏层沥青。在喷洒透层或黏层沥青后，宜在其上均匀撒布 5～10 mm 的小碎(砾)石，用量约为全铺一层用量的 60%～70%。在清扫干净的基层上，也可先做下封层，以防止基层干缩开裂。同时还要保护基层免遭施工车辆破坏。宜在铺设下封层后的 10～30 天内开始铺筑沥青面层的底面层。

适当掺砂，改善集料级配，也可减少裂缝的发生程度。要按施工规范要求，处理好碎石基层的接缝，接缝要垂直，不能斜接。接缝问题如果处理不好，就会形成一条薄弱带，反射到沥青面层形成裂缝破坏。

水泥稳定碎（砾）石作为高级道路和市政道路路面基层的使用材料，极大地提高了整个道路工程质量，延长了使用寿命。为确保发挥水泥稳定碎石基层的最佳效果，施工过程中应严密组织、精心管理，熟知技术规范要求，并对设计、原材料、混合料的级配以及拌和、运输、摊铺、碾压、养生等几个环节实施重点监控。同样，在同行业兄弟单位也一定会有许多好的管理经验和成熟的做法，以上观点难免会存在某些不足，应取其利弊，针对工程的不同要求和现场作业条件进行适宜的策划，确定具有针对性的控制方案，以发挥更有效的控制作用，促进道路施工质量管理水平的不断提升。

第三节　半刚性基层

一、半刚性基层的优缺点

半刚性基层指的是用无机结合料稳定土铺筑的能结成板体并具有一定抗弯强度的基层，也就是采用无机结合料稳定集料或土类材料铺筑的基层。

半刚性基层具有较高的刚度，具备较强的荷载扩散能力，所以施工及运营过程中一定要保持半刚性基层的整体性。半刚性基层起着结构承载作用，而沥青面层只起着功能层作用，因此，半刚性基层沥青路面结构的主要破坏形式是半刚性基层的弯拉疲劳损坏。半刚性基层采用防水下渗措施是十分重要的，这也是规范中规定的。

（一）半刚性基层的优点

半刚性基层具有一定的板体性、刚度，扩散应力强，具有一定的抗拉强度、抗疲劳强度、良好的水稳定特性。这些都符合路面基层的要求，使得路面基层受力性能良好，并且保证了基层的稳定性。

（二）半刚性基层的缺点

半刚性材料不耐磨，不能适应路面面层的要求。半刚性基层的收缩开裂及由此引起沥青路面反射性裂缝的现象普遍存在。国外普遍对裂缝采取封缝的措施，而在交通量繁重的道路或者高速公路上，这种封缝工作十分困难。而在我国，很少在发现裂缝时就进行沥青封缝，因而开裂得不到有效的处理。

半刚性基层非常致密，渗水性很差。水从各种途径进入路面并到达基层后，不能从基层迅速排走，只能沿沥青路面和基层的分界面扩散、积累。半刚性基层沥青路面的内部排水性能差是其致命的弱点。

半刚性基层有很好的整体性，但是在使用过程中，半刚性基层材料的强度、模量会由于干湿和冻融循环以及反复荷载的作用，因疲劳而逐渐衰减。按照南非的理论，半刚性基层的状态是由整块向大块、小块、碎块变化，显然按照整体结构设计路面是偏于不安全的。

半刚性基层沥青路面对重载车来说具有更大的轴载敏感性。同样的超载车对半刚性基层沥青路面的影响要比柔性基层沥青路面大得多，对路面的损伤也大得多。

半刚性基层沥青路面损坏后没有愈合的能力，且无法进行修补，只能挖掉重建，这给沥青路面的维修养护造成很大的困难。通常所说的"补强"实际上是不现实的，也是不可能的。

二、半刚性基层的关键技术

1.形成适当的强度

半刚性基层应能足够承受荷载的反复作用（疲劳强度），但如果强度过大（收缩性强、脆性高），必然裂缝。规范建议的 7 d 抗压强度范围为 3～5 MPa。

2.防止和减少开裂的发生

设计上应采用合理级配，控制结合料的剂量；施工中应采用合理的工艺；合理控制养生湿度与温度。

3.提高抗冲刷能力

应减少游离细集料，强调沥青层的防水。

三、半刚性基层的强度

半刚性基层的刚度（强度）不宜过高，随着基层刚度的增大，沥青层内的剪应力水平升高，易出现严重车辙；沥青层底的拉应力逐渐减小，直至出现压应力；与此同时，在轮胎接地边缘位置出现强纵向剪切力，易出现表面开裂。

基层刚度期望值越大，其承重份额越大，自身的应力水平也越高，易发生断裂等损坏。为了实现大刚度，必然导致材料设计的改变，产生各种不良后果。

第四节　路面基层施工质量控制

路面基层施工质量控制是一项重要的工作，与基层整体质量密切相关。为确保质量达标，应针对重点环节采取有效的质控方法，并分析质量问题的形成原因，通过合理的措施进行控制。

路面基层是道路路基及路面的过渡段、连接带，同时也是受力分散过渡段，它将来自路面的不匀称荷载和冲击力匀称分布到路基，增加路基刚性和应力集中的匀称性。路面基层分底基层和基层两层，底基层一般为级配碎石垫层，基层为水泥稳定基层，它是大路工程的重要组成部分，在大路工程中起着重要作用。路面基层质量好坏直接关系到路面的使用寿命，同时影响行车舒适度。因此，保证路面基层施工质量关系到整个道路施工的质量。随着道路等级的提高，对路面基层作用的重视程度越来越高，要求也越来越高。

一、路面基层施工质量控制方法

1.下承层准备

水稳碎石基层施工前，要全面检查底基层，看有无过干或是过湿的现象，表面是否平整、有无积水和松散，经现场试验检测，弯沉和标高等指标应与验收标准相符。为确保各层的结合面具有较高的结合强度，摊铺水稳碎石基层前，要彻底清洁结合面，用洒水车向结合面喷适量的水，洒水要保证均匀，以润湿为标准，避免产生积水。

要提高摊铺的作业稳定性，可在摊铺机前设置行驶标线。摊铺水稳碎石前，应分层对中央分隔带及路肩填土，从而保证水稳基层与中央分隔带和路肩结合部位的压实质量达标。施工正式开始前，可依据每层设定好的标高现场挂线，以人工堆填的方法找平，完成初步压实，按设计要求的宽度现场切槽。

2.确定摊铺基准

本工程中，试验路段铺筑在路基上，直接作为底基层使用，为确保水稳碎石基层的纵横坡度，按标高采用双边挂设基准线的方法施工。两根相邻支撑桩的距离设定为 10 m，基准线选用直径 3.0 mm 的钢丝现场制作。按照基层的设计厚度，采用两台摊铺机呈梯形作业。

为有效控制接缝位置处的横坡，前面的摊铺机一端用基准线控制，另一端用临时架设的铝合金梁控制，而后面的摊铺机一端用基准线控制，另一端用滑靴控制，由此能够使水文碎石基层的纵横坡得到控制。用紧线器将架设的钢丝拉紧，每间隔 100 m 左右拉紧一次，拉力控制在 800～1 000 N，架设好的钢丝应先测量复核。水稳碎石基层摊铺的过程中，可以用滑靴或是非接触式平衡梁完成自动找平。

3.水稳碎石生产质控

由相关人员负责设备安装，当设备装好后，在正式使用前，要先试运转，将潜在的隐患全部排除，在此过程中，施工人员要熟悉和掌握设备的操作方法和运行规律。

当设备调试完毕，确认性能稳定、无潜在故障后，便可标定系统，包括集料供给系统、粉料供给系统以及拌和水供给系统等，误差必须满足精度要求。系统标定好以后，按照调整好的参数进行试拌和，并检测拌好的稳定土，看级配、水泥剂量、含水量以及抗压强度等是否达标，以此来确定拌和机的各项参数是否合理。

试拌和完毕后，确认各项指标全部合格，便可安排机械设备正式生产。操作人员按照试拌时确定的实际控制参数准备水稳碎石料，生产过程中要确保料斗仓中石料充足、出料流畅，出料斗选择间歇卸料的方式。

生产出来的水稳碎石料要检验外观、水泥剂量以及含水量，看颜色是否均匀、一致，有无灰条和灰团，集料是否存在较为明显的离析现象，水泥用量是否与设计要求相符，要确保含水量高于最佳含水量，稳定粗粒和中粒土的含水量应大于最佳含水量 0.5%～1.0%。上述指标全部合格后方可出厂。试验检测人员应取料制成试块，进行 7 d 无侧限抗压强度试验，看试验结果是否与现行规范标准相符。

按照摊铺机的性能确定各个施工点的拌和能力，最低不宜低于 500 t/h，拌和设备不得超负荷生产，在保证施工进度的前提下，可适当降低产量，提高拌和的均匀性；配备筛网，将集料中粒径过大的颗粒筛除，倾斜布置筛网，安排专人负责清除筛网上的大粒径集料；每个工作日开拌前，要先检查集料的含水量情况，据此准确计算出当日的最佳配合比。

生产前，要根据预先确定的配合比掺配水泥和集料，严格按照重量比加入拌和水，并在拌和过程中如实记录加水时间和加入量；当集料的颗粒组成情况发生改变时，要重新调试设备或重新设计标准配合比；每个工作日开拌后，要在出料前取样检测，看是否符合给定的配合比，正式生产后，应每间隔 1～2 h 检查一次拌和情况。当作业环境的温度较高时，早、晚与中午的含水量要有所区别，可以按照温度变化调整含水量；雨季施工时，应采取防雨措施，避免影响集料的含水量。

4.运输质控

选用 30 t 以上的自卸式车辆，将拌和好的水稳碎石料运至摊铺现场。运输前，要全面检查车辆的性能，排除隐患，避免运料途中发生故障而影响摊铺作业。自卸车装料前，要全面清洗车厢，清洗后，要将积水清除干净，保持车厢干燥。

向运输车装料时，车辆要前后移动，从而降低集料离析的发生概率。运输车辆要用篷布覆盖保湿，到现场卸料时才能将覆盖的篷布取下。

水稳碎石基层施工中，摊铺机前至少要有 2～3 辆运输车等候卸料，开始摊铺后，现场等待卸料的运输车应不少于 5 辆。运输车应在摊铺机前 20 cm 的位置处停靠，不得与摊铺机发生碰撞；运输车卸料过程中应挂空挡，通过摊铺机的推动力前进。

5.摊铺质控

水稳碎石基层摊铺作业前，要全面检查下承层的质量，若发现下承层的质量与设计要求不符，则应采取相应的措施进行处理，直至达到设计和规范要求为止。摊铺过程中，可按照路面的宽度配备摊铺机，为加快摊铺速度，提高作业效率，本工程中使用两台同型号的摊铺机呈梯队联合作业，前后摊铺机的距离保持在 10 m 左右，在对相邻的两幅摊铺时，应留出 10 cm 左右的宽度搭接。

为降低水稳碎石料离析的发生概率，要合理设定摊铺机的摊铺宽度。同时，按照水稳碎石料的类型选用的机械设备及施工工艺，通过试验段铺筑确定出适宜的松铺系数。摊铺过程中随时检查层厚、路拱、横坡，按照水稳碎石料的总量和摊铺面积校验平均厚度，如与规范要求不符，则可按照摊铺情况适当调整。

水稳碎石料要连续、不间断摊铺，施工阶段，摊铺机不得随意变换速度，也不可中途停顿。摊铺机的螺旋布料器要保持全范围内物料分布均匀，并注意刮板输料器的高低，确保摊铺机全宽断面上不出现离析的现象，严禁空仓收斗。

6.碾压质控

压路机碾压后的水稳碎石基层，要达到压实度和平整度的要求，应选择重型压路机以分层的方式碾压，每层的压实度应控制在 20 cm 以内。碾压分为三个阶段，即初压、复压、终压，在不同的阶段，要选用不同的压路机，并用相应的速度，碾压足够的遍数。初压可用轻型压路机对基层静压，以 1～2 遍为宜，碾压速度不超过 2.0 km/h；复压选用重型振动压路机碾压 4～6 遍，碾压后要检测压实度，看是否达到规定要求；终压选用轻型压路机，静压 1～2 遍。

碾压的过程中，直线段应从两侧向中心碾压，曲线段则应从内侧向外侧碾压，振动碾压时轮迹应重叠 30 cm 左右；压路机应从标高低的一侧向高的一侧碾压，当全幅碾压完毕时为一遍。道路边缘存在支挡结构时，如路缘石、挡板等，压路机应紧靠支挡结构碾压。压完第一遍后，应将压路机的大部分重量放于压实的部位，再对边缘碾压，这样可以有效减少向外的推移，保证碾压质量。

通过试验段确定压路机的振频和振幅，当压路机需要倒车时，要先将振动功能关闭，向另一方向运动后再开始振动。碾压时，压路机应始终面向摊铺机，不得随意改变碾压路线及方向；压路机启停前，要先缓行，不得在碾压完毕的路段上急刹车或掉头。

经过压实后的基层表面要平整，无明显的轮迹和隆起现象，水稳碎石基层在碾压后，表面要保持湿润。从拌和开始到碾压结束，水稳碎石料不得超过初凝时间，并要严格控制压实厚度和高程，不得使用薄层贴补法找平。

7.接缝质控

摊铺机布料要保证连续不间断，如因故中断的时间超过 2 h，则应设置横向接缝。需要布设横线接缝时，要将摊铺机驶离水稳碎石料的末端，人工整平末端的水稳碎石料；重新摊铺前，要全面清理下承层的顶面，去除各种杂物，摊铺机返回压实层的末端，重新摊铺。

为防止水稳碎石基层施工中形成纵向接缝，采用分幅梯形摊铺的方式摊铺，用两台摊铺机，前后相隔 10 m 同步作业。无法避免纵向接缝时，可按照横向接缝的处理方法处理纵向接缝，确保水稳碎石基层的质量。

8.养生质控

水稳碎石基层施工过程中，每碾压完一段后，应检查压实度，确认合格后，便可按照规范要求养生。养生完毕后，要及时施工上一结构层，避免水稳碎石基层长时间暴露在外。基层采用保湿的方法养生，可以按照现场的实际情况选择保湿措施，如洒水、覆盖等，养生时间不得少于 7 d。养生期间，除洒水车外，其他车辆均不得从基层上通过，以免影响基层质量。

选用不透水的薄膜对基层养生时，要确保薄膜具备一定的厚度，两幅之间的搭接宽度不得少于 20 cm，覆盖塑料薄膜后，要在边缘用重物压住。当基层施工完毕后，要及时洒布透层沥青，并尽快铺筑下封层和沥青面层。开放交通后，要限制重型车辆通行，其他车辆的通行速度控制在 30 km/h 以内。

二、质量通病控制措施

（一）离析的控制

水稳碎石料离析的主要原因有以下几个方面：拌和时对含水量的控制不到位，过干或过湿；搅拌的时间不够，粗细集料未能均匀混合；皮带运输机过高，落入料堆后发生离析；未按配合比生产等。

针对离析问题，可以采取以下预防措施：拌制水稳碎石料的过程中，严格控制含水量，并严格控制拌和时间，确保不少于 10 s，以搅拌均匀为准；将皮带运输机的高度调整为 3.0 m 以下，减少离析现象的发生；保证级配合理，当级配出现偏差时，要及时调整。

（二）压实度不足的控制

引起压实度不足的原因有以下几个方面：碾压时，选用的压路机吨位及碾压遍数不够；下承层过于软弱，水稳碎石料的含水量过高或过低。

可采取以下措施解决压实度不足的问题：压路机严格按照碾压工艺的要求作业，并严格控制松铺厚度；在摊铺前，对运至施工现场的水稳碎石料标准密度进行抽样检测；当下承层软弱时，要采取加固措施处理，并加强现场检验。

（三）接缝不顺的控制

造成接缝不顺的原因有以下几个方面：拼缝时未做翻松处理，直接加铺新料，由于压缩系数存在差异，导致该部位升高；先铺的边缘部位未碾压实，后摊铺的部分虽然松铺标高相同，但先铺的部分含水量较低。

针对接缝不顺的情况，可以采取如下防治措施：编制专项施工方案，安排经验丰富的人员组织施工，减少施工段落和纵向接缝的产生；分段碾压时，应在拼缝的一端预留出一部分不碾压，这样可以防止出现推移的现象，且有利于拼接；摊铺作业前，将拼缝处已经碾压密实的一端翻松至松铺厚度，与未压的部分和新料一并整平碾压，形成整体。

第七章　路基路面施工技术
与养护管理

第一节　路基路面施工技术
及质量管理措施

一、路基路面施工技术要点

（一）路基施工技术要点

1.路基施工准备工作

由于道路工程的跨度较大，在不同的施工路段会遇到各类复杂地质，如软土、溶洞等。为了保证路基施工质量和现场施工安全，需要提前组织相关人员做好道路沿线的地质信息调查工作。以软土地质为例，要详细记录软土分布范围、表层厚度等，使其在路基施工中可以得到有效处理。除了地质调查，材料和设备的准备工作也十分重要。道路路基施工中所用的材料主要有各类填料（如砂石、矿渣等）及路基排水所用的排水管材等，所用的设备主要包括推土机、挖掘机、自卸车、压路机等。要对材料质量和设备型号等进行检查，确保满足道路路基施工要求。

2.基底整理

路基施工时，需要使用挖掘机先开挖一定宽度和深度的基坑，开挖后人工进行基底的处理，将基底中的一些大体积的石块、树根等清理干净，并使用手持工具将基底整平，营造良好的路基施工环境。路基两侧也要进行加固，防止渗水、挤压等问题导致路基两侧坍塌，影响路基的正常施工。路基施工中要注意对照设计参数，防止出现超挖或欠挖等问题。

3.填筑施工

首先，在填料的选择上，要注意结合施工路段的气候、地质条件。例如，楚雄地区雨水较多，在选择路基填料时应当优先考虑防水性较好、稳定性较强的粉黏土。其次，使用砂石填料时，应对砂石含泥量等进行控制，具体要求参照设计标准或规范文件。最后，要对填料质量进行检查，检查合格后使用自卸车将填料平铺到路基上。每层填土厚度约为（20±5）cm，如果填筑时使用两种以上的材料，不应混填，而应将透水性较好的土料填筑在基底，这样可以预防路基积水。

4.填料压实

在碾压过程中，应保证压路机每次碾压都为上一次碾压部分叠轮宽的一半或三分之一，按照试验路段收集的数据控制振动碾压次数和静压次数，以保证密实度要求。光轮静压压路机的行驶速度控制在 2.5 km/h，振动压路机则控制在 3～6 km/h。同时，要对路基填料进行含水量检测，最佳含水量的±5%是最合适的。碾压过程中应控制好填筑面的平整度，保证其压实度不低于设计值的90%。原地面横纵向坡度大于 1：5 时，需要开挖土质台阶并分层碾压密实，确保压实效果符合施工要求。

5.路基排水

完善的排水系统可有效防止路基受水浸泡，保障路基使用过程中的耐久性和稳定性，通常采用盲沟、排水管道、矩形或梯形排水沟等来截断疏排路基的地表水和地下水。如果采用盲沟，为了保证土工布对碎石或片石的包裹质量，通常用单向土工布进行包裹，防止盲沟内的水外渗。如果采用排水管道，特别是外部采购成品圆管，则要严格检查排水管道材料质量及强度，在安装管道时确保地基处置完毕，防止使用过程中地基沉降导致管道拉裂。对接时要保证排水管道的连接紧密，避免出现渗水的情况。如果采用矩形或梯形坼工砌体排水沟，则要保证砌体的施工质量。混凝土浇筑后要严格振捣，避免出现离析或大面积蜂窝麻面，导致渗漏水。

（二）路面施工技术要点

1.路面施工准备工作

以沥青路面为例，施工中需要准备的材料包括沥青、砂、石料。另外，根据施工要求，也要准备一些外加剂。由于公路工程路面施工中所用的物料较多，一旦材料存在问题，或是不符合公路施工的使用标准，不仅会造成严重的经济损失，还会耽误公路工程正常的施工进度。为此，需要对这些物料的质量、参数、规格等进行严格控制。在选购材料时，要提前了解市场价格，明显低于市场价格的材料有较大概率存在质量问题，需要提高警惕。近年来，路面施工机械化水平在不断提高，因而机械设备管理也是一项重要的工作。机械设备包括拌和设备、运输车、摊铺机等。

2.沥青混合料的制备

沥青混合料主要由碎石、沥青等组成，除了要确保组成材料不存在质量问题，还要严格控制各种物料的配比。由于道路施工具有很强的流动性，加上一些山区道路现场施工空间有限，一般不考虑现场配制沥青混合料，而是从附近的拌和站预制沥青混合料，然后使用大型自卸车将配制好的标准沥青混合料运输到施工现场，直接投入使用。此过程中需要注意以下几点：保证自卸车存储柜内干净，避免污染沥青混合料；采取保温措施，保证沥青混合料性能稳定；控制运输距离和运输时间，通常从沥青混合料出厂到使用不得超过 6 h，否则会影响沥青混合料的性能。

3.沥青混合料的摊铺

当自卸车到达公路施工现场后，将沥青混合料直接装入摊铺机中。操作人员提前设定好摊铺机的运行参数，包括摊铺厚度、宽度等。槽内不宜装满沥青混合料，防止摊铺机运行中出现混合料洒溅的情况，一般在满槽的 80% 左右即可。摊铺机的行进速度控制在 6～8 m/min，要保持恒定，这样可以保证摊铺料均匀平整且没有过多的气泡、空隙。摊铺机作业时禁止中途停车，防止路面沥青混合料出现堆积等问题，导致后期路面出现裂缝、拥包等情况。此外，还要关注天气变化，在雨天、高温天气不宜进行摊铺施工。

4. 沥青混合料的碾压

在摊铺的基础上开展一次检查，如果有明显的坑洼，则要及时用料填平。在保证路面平整后，可以进行压实作业。沥青路面碾压分为初压和复压两个阶段。初压时选择钢轮压路机，行进速度控制在 3.5～5.0 km/h。碾压速度过快可能造成压实不充分，后期沥青路面容易出现碎石脱落的问题。初压的次数一般为 3 次，完成初压后可以进行路面硬度检测、平整度检测等工作。如果实际检测结果与设计值差距较大，则再重复几次压实。复压时改用胶轮压路机，碾压次数为 5 次左右。碾压结束后，应当在沥青路面观察不到明显的碾压痕迹。

5. 接缝的处理

沥青公路具有较强的吸热能力，路面材料升温后会受热膨胀。为了防止路面胀裂，需要每隔一定距离设置接缝，因此对接缝的处理也是公路路面施工中的重要环节和技术要点。首先，要确定接缝间隔距离。不同的路段、环境、地质及公路路面材料等都会影响接缝间隔距离，因此需要现场施工人员对间隔距离进行确定。其次，通常将宽度控制在 0.6～0.8 cm。接缝要平直，要在接缝两端涂刷沥青。

二、路基路面施工质量管理措施

（一）完善管理制度，明确管理职责

道路工程具有流动性强、现场环境复杂等特点，因此要想高质量地完成工程施工，施工单位就要强化管理意识、明确管理责任，尤其要注重对一些技术要点的控制。要结合各道路工程的具体特点，制定一套完善的管理制度，如现场材料和设备管理制度，明确各类物料的存放区域，实现对物料的专门管理，防止物料受到污染或者变质，保证物料的使用效果。安排专人负责检修设备，保证各机械设备能够正常运行。将工作职责落实到个人。现场要有质量监督员，密切监督各个路段的施工质量，包括路面碾压次数、密实度等，形成全方位的质量管理体系。

（二）重视施工队伍的技术培训

现代公路建设具有更高的建设标准，对施工质量管理工作也提出了更高的要求，因此施工队伍的技术水平成为决定道路工程质量高低的重要因素。在正式进行道路工程施工前，应组织施工人员开展一次集中培训，结合施工方案，明确工程中需要掌握的技术要点。例如，公路工程中有较长的路段是软土地质，可选择使用水泥粉煤灰碎石桩进行加固。要通过提前培训，使施工人员掌握施工技术的操作要领，保证路基加固效果。

（三）增加公路养护的科技含量

随着交通量的急剧增加，公路的养护投入逐年增高。公路养护要跟上时代的发展步伐，提高技术含量。要对养护人员进行系统培训，使其学习新的施工工艺和施工理念，提高养护人员的技术水平。还要引进先进的技术、工艺、材料、设备，对其进行研究、试验，确保这些技术、工艺、材料、设备适合在该地区的公路养护中使用。大量的实践证明，公路养护科学技术的应用和研发对保证公路的高效、安全、畅通运行起到了很大的作用，也在一定程度上提高了工程质量管理水平。另外，还要优化养护队伍机械化组织管理形式，充分发挥机械的效用。随着养护机械的增多，机械管理也成为集施工、保养、维修于一体的综合性管理。

在道路工程中，施工过程中的质量控制和后期养护工作，是决定道路工程施工质量、使用寿命的重要因素。施工单位必须树立全过程的质量管理理念，通过开展详细的勘查、制定科学的施工方案，为后续的现场施工提供科学指导；在施工中要强化质量管理，严格控制技术要点，不留质量隐患；后期要及时开展养护工作，防患于未然。只有这样，才能建造精品道路工程，并保证公路的社会效益和经济效益。

第二节　沥青路面常见病害
及养护处理

一、沥青路面常见病害类型

（一）坑槽、沉陷

摊铺混合料时温度过高，会使沥青老化，黏合力变弱，在车辆载荷压力下形成坑槽。摊铺混合料时温度过低，摊铺不匀，压实不彻底，也会形成坑槽。另外，路面下面层未能有效控制标高，导致沥青下层结构厚度不够，部分混合料受到行车影响，被小面积地"带走"，也会形成坑槽。路面一旦出现了裂缝，路面积水就会渗入公路基层，这时行车本身的压力又作用到基层，基层极可能发生沉陷事故，进而造成面层皲裂。如此反复，沥青面层会进一步脱落沉陷，形成坑槽。由此可知，路面沉陷有两种：一是局部小面积沉陷，二是总体大面积下陷。前者大多是成形不足，在车辆自身压力作用下路面皲裂，又因为有积水渗入，把已被破坏的基层结构进一步软化，进而导致沥青面层深度沉陷。而大面积下陷主要是路基不均匀沉降造成的。

（二）车辙

路面产生车辙的原因包括两种，即内因和外因。内因主要包含路面结构的设计和材料的搭配，外因一般包括施工、交通等因素。

1.路面结构及材料组成

路面结构中沥青材料厚度越大，在行车作用下发生永久变形的变形量越大。故路面结构厚度既要保证有足够的承载能力，又要有较好的抗车辙能力。采用刚性或半刚性基层，可以大大减少基层和路基的变形，从而减少路面的整体车辙。在行车载荷作用下，当沥青混合料的受力超过其弹性极限和屈服点时，沥青混合料就可能产生塑性变形，形成车辙。

2.沥青混合料各材料组成比例

沥青混合料各种集料的添加比例、基层材料比例都对车辙的形成有一定的影响。实际施工时，若路基的压实程度、路面热稳性能等达不到标准要求，也会促使车辙产生。

3.道路交通条件和气象条件

重型或超载车行驶在公路上会有相当大的压力，最容易导致车辙的形成。在有较大车流量的主车道上会有很多车轮不停地对路面进行摩擦，也容易产生车辙。沥青具有弹塑性，并且沥青为黑色，黑色吸热能力较强，当气温较高且有较多车辆在公路上行驶时，也容易产生车辙。在雨雪天气中，雨水会腐蚀基层材料，使车辙的面积扩大。

（三）裂缝

路面裂缝大致上可以划分为龟裂、纵向裂缝、横向裂缝。龟裂又称网裂，一般来说是路面整体强度不够、基层稳定性不佳等造成的。此外，沥青路面老化，会使基层变脆，也有可能发展为龟裂。纵向裂缝大多数形成在新旧路面交界处，由于路面不均匀而导致沉陷。另外，在车辆的压力作用下，车辙周边也会产生纵缝。横向裂缝一般是在外界的温度、湿度变化以及路面结构层收缩等因素的影响下形成的。半刚性基层的收缩裂缝和面层上的反射裂缝基本上都是横向裂缝。

二、病害形成的原因

（一）裂缝

（1）横向裂缝。裂缝与路中心线基本垂直，缝宽不一，缝长贯穿部分路幅或整个路幅。裂缝一般比较规则，每隔一定的距离产生一道裂缝，裂缝间距的大小取决于当地的气温和沥青面层与半刚性基层材料的抗裂性能。

（2）纵向裂缝。裂缝走向基本与行车方向平行，长度和宽度不一。裂缝主要集中在行车道轮迹分布密集处。因为高速公路交通渠化分明，轮迹位置及轮迹分布范围较小，大车、慢车、重型车辆全部集中在行车道上，快车、小型车、轻型车行驶于超车道的机会明显增多，超车道上荷载较小，交通量相对较小，纵向裂缝也较小，纵缝缝宽一般在 5～10 mm，靠近标线或位于车道中央，且绵延几十米，甚至数百米，常以单条裂缝形式出现。其产生的原因可能有两个：①沥青面层分路幅摊铺时，两幅接茬处未处理好，在车辆荷载及大气因素作用下逐渐开裂；②路基压实不均匀，或路基边缘受水侵蚀，产生不均匀沉陷，导致开裂。

（3）网状裂缝。裂缝纵横交错，缝宽在 1 mm 以上，缝距在 40 cm 以下，通常面积在 1 m² 以上。

（4）反射裂缝。反射裂缝主要是因为软基路段不均匀沉降引起的裂缝直接反射到沥青路面。另外，行车荷载的作用加速了裂缝的发展。

（二）车辙

车辙一般是在温度较高的季节，沥青面层在车辆的反复碾压下产生永久变形和塑性流动而逐渐形成的。它通常在沥青面层压缩沉陷的同时出现。路面的永久变形主要发生在沥青面层中。因此，为了延缓车辙的形成，应增强沥青面层材料的高温稳定性。此外，车辙的严重程度与沥青面层的结构组成和配合比有极大关系，Ⅱ型沥青混凝土路面自身的抗车辙能力比Ⅰ型高得多。上海市中心城区的沥青路面车辙病害也较普遍，大部分集中在公路交叉口，车辆来往多，高温天气下路面受碾压严重更容易出现车辙，修补更换新的沥青混凝土后，未经严格保养就投入使用，在新的碾压下又会出现车辙，形成恶性循环。

（三）沉陷

沥青黏度小，会影响沥青与矿料的黏附性。同时，若沥青混合料的油石比太小，或在沥青加热和沥青混合料拌制过程中温度太高，都会引起沥青混合料的沥青膜相对变薄，抗变形能力减弱，脆性增加，空隙率变大，进而加快水对沥青的剥落作用，最终在车辆荷载作用下引起路面开裂、沉陷。

（四）坑槽

沥青路面坑槽的产生往往有一个过程，开始时是局部裂缝，进而鞍裂松散，在行车荷载和雨水等因素的作用下逐步形成坑槽。形成坑槽的常见原因主要有以下几个：

1.路面厚度与压实度不够

面层铺筑过程中易出现压实度不足的情况，造成面层内部孔隙率较大，降低沥青混合料的黏结力、防水性能；拌和厂离施工现场较远，运距过长，运输途中沥青混合料热量损失较大，运至现场后温度不能满足铺筑要求；路面下基层局部标高控制不严，导致沥青上面层个别地方厚度不够，在行车作用下，该处首先破损，形成坑槽。

2.黏结层不牢

混合料拌和摊铺时，下层表面含有泥、灰等杂物，使上下层不能有效黏结，也会形成坑槽，如桥面上形成的坑。这类坑槽修补二次损坏频率较高，一般应先在底层打入砼，再用沥青料对上面层进行填补修复。

3.水损害

水损害性坑槽是沥青混凝土路面早期破坏中最常见的坑槽，水损害破坏往往是从沥青面层的中面层开始的。水分进入沥青路面，滞留在中面层。在集料与沥青膜剥离后，沥青混合料不再是一个整体。集料在荷载的作用下，对基层产生了力的作用，基层的局部松落形成灰浆，从路面的缝隙向上挤出来，在沥青路面上形成白色的唧浆。如此循环不断，形成了水损害性坑槽。

4.行驶车辆

柴油、机油滴漏在路表面上，沥青被稀释后，黏结力降低，集料散失，形成坑槽。钢圈或车辆运输的重物不断刮撞，形成坑槽。

除此之外，基层、底基层损坏产生翻浆也会导致坑槽的形成。

（五）泛油和油斑

泛油和油斑这两种病害产生的最主要原因是混合料离析。混合料发生离析时，粗集料和细集料分别集中于铺筑层的某些位置，使沥青混凝土不均匀、配合比级配与原设计不符，混合料失去原设计达到的黏结力，就会形成路面推移。混合料的不均匀还会导致集料和沥青分离，沥青会集中到一处，形成泛油和油斑。

（六）路面推移

沥青混凝土面层推移，主要是混合料在道路的纵向上发生位移，它可能在施工期间发生或者在道路通车一段时间后产生。

三、各种病害的养护处理方法

（一）裂缝处理

根据《沥青路面施工及验收规范》（GB 50092—1996）要求，按本地区气候条件和道路等级选取适用的沥青类型，以减少或消除沥青面层温度收缩裂缝。采用优质沥青更有效。

（1）合理组织施工，尽量避免冷接缝。对于冷接缝的处理，应先将接缝处沿边缘切割整齐，清除碎料，然后预热软化接缝处，涂刷乳化沥青，再铺筑新混合料。碾压时，压路机在已压实的横幅上，钢轮伸入新铺层 15 cm 左右，每压一遍向新铺层移动 15～20 cm，直到压路机全部在新铺层为止。对于纵向裂缝，如分幅摊铺时，前后幅应紧跟，上、下层的施工纵缝应错开 15 cm 以上，摊铺时控制好松铺系数，使压实后的接缝结合紧密、平整。

（2）沥青路面摊铺前，要认真检查下卧层，及时清除泥灰，处理好软弱层，保证下卧层稳定。在旧路面上加铺沥青路面结构层前，要铣削原路面，以延缓反射裂缝的形成。

（3）在路面出现微小裂缝时就要处理整治。对于细裂缝（2～5 mm），可用改性乳化沥青灌缝；对大于 5 mm 的粗裂缝，可用改性沥青（如 SBS 改性沥青）灌缝。灌缝前，必须清除缝内、缝边碎粒、垃圾，并使缝内干燥。灌缝后，要在表面撒上粗砂或 3～5 mm 石屑。对于裂缝很大的情况，必须将裂缝两边沥青混凝土开挖，先处理基层再摊铺新混合料，水稳定性好、收缩性小的半刚性材料是首选基层。如夹有软弱层或不稳定结构层，应将其铲除。如因结构层积水引起网裂，在铲除面层后，要加设将路面渗透水排除至路外的排水设施。

（二）车辙处理

对于车辙的处理主要是为了提高混合料的高温稳定性。近几年来，改性沥青混合料的生产施工实践证明，采用改性沥青混合料是防止或延缓路面产生车辙的有效方法。在沥青中掺入不同的改性剂，能改善沥青的很多性能，如提高黏度、使感温性能稳定、提高软化点、提高耐老化性能、增强高温稳定性、提高抗车辙能力。改性沥青分为三类：第一类为矿物类填料，如碳、木质素、石棉等；第二类为聚合物类、橡胶类、树脂类等；第三类为添加剂，包括抗养化剂、抗剥落剂等。从生产实践中可知，聚乙烯对改善沥青混合料的高温稳定性效果明显，而树脂类对改善沥青低温延度效果明显。

（三）沉陷处理

为了避免沉陷的发生，可采取以下措施：

（1）选用符合《公路沥青路面施工技术规范》（JTG F40—2004）的沥青，或采用实践证明行之有效的改性沥青。

（2）采用适当的沥青层厚度，或在沥青面层与半刚性基层之间设 12～15 cm 的碎石过度层。

（3）在半刚性基层顶面或沥青层之间设置各种土工合成材料，或者提高沥青混合料的抗拉强度和抗变形能力。

（4）重视并加强路基路面的养护工作。

（四）坑槽处理

通过以上分析，可以看出沥青混凝土路面早期破损与沥青混合料、路面施工、交通气候条件的全部或部分有联系，而交通气候条件是客观存在的，所以沥青路面早期破损防治应从路面施工和沥青混合料两个方面考虑。

1.严格控制沥青混合料质量

（1）选取具有良好高低温性能、抗老化性能且含蜡量低、高黏度的优质国产或进口沥青。骨料应选用表面粗糙、石质坚硬、耐磨性强、嵌挤作用好、与沥青黏附性能好的集料。

（2）选择合理的混合料级配。混合料级配是沥青混合料高温稳定性和疲劳性能、低温抗裂性，以及路面表面特性和耐久性的保障。为提高沥青路面使用性能，可以考虑以下两个途径：第一是改善矿料级配，采用沥青玛蹄脂碎石混合料（SMA）；第二是改善沥青结合料，采用改性沥青。

（3）严格控制沥青混合料的拌和质量，拌和过程中发现"糊料"或"离析"等异常情况时应立即进行处理；加大马歇尔试验频率，严格控制沥青混合料的油石比、稳定度、流值等指标，必要时对混合料进行特殊配合比设计。

2.按设计完成施工

若施工质量控制不严，早期破损必然出现。所以，沥青路面施工必须按全面质量管理的要求，建立健全有效的质量保证体系，实行目标管理、工序管理，明确责任，对施工全过程中每道工序的质量进行严格的检查、控制、评定，以保证其达到质量标准，具体要注意以下几点：

（1）保证基层顶面粗糙度。改善基层材料级配，增加粗骨料，提高大中粒径集料含量，控制最佳含水量，改进碾压方法，避免过振过湿。不能使基层顶面形成灰浆硬壳，不能用细料进行压实后找平。对于细粒土类的半刚性基层，必要时可以采用顶面栽钉等办法加强基层顶面粗糙度。

（2）合理洒布透层油、粘层油。在进行各层铺筑前，必须保持顶面清洁。根据近年来的施工经验，对于水泥稳定类半刚性基层，透层油应以慢裂型乳化沥青为宜。用沥青洒布车喷洒时，应保持稳定的车速和喷洒量，不能流淌和形成油膜，更不能有空白，并立即撒布石屑或粗砂，用钢筒式压路机稳压一遍，将多余的浮料扫走。对于旧沥青路面罩面，必须洒布粘层油。粘层油应有较好的黏附性，脚踏应有明显的黏附感，整个面层取芯后不易分离。对于干线公路，可以设置 I 型稀浆封层作为黏结层，实现层间结合与防水的双重作用，且不需要封闭交通。

（3）提高面层摊铺质量。在摊铺混合料时，运距不能过远，摊铺温度应控制在 130～150 ℃，摊铺厚度应均匀，压实设备数量应配套，速度控制在 2 m/min 左右，碾压遍数不能太少，以免混合料孔隙过大；一般不能进行补料，尤其是下面层；若基层雨后潮湿未干，不得摊铺，更不得冒雨摊铺；纵向、横向接缝应紧密、平顺，各幅之间重叠的混合料应用人工铲走。

（五）泛油和油斑处理

提高混合料在压实后的内在稳定性，适度降低沥青和细集料的含量，提高混合料中多角碎石颗粒的含量，施工摊铺时尽量避免搅拌不匀的情况。若出现该种情况，可人工局部挑出。

（六）路面推移处理

出现路面推移情况时只能局部铲除，采用符合要求的新混合料摊铺，并与周边的混合料结合紧密。

第三节　水泥混凝土路面常见病害及养护处理

一、水泥混凝土路面常见病害类型

根据病害表现的不同，可以将水泥混凝土路面病害分为以下两类：一是接缝破坏，主要表现形式为混凝土板边缘被挤碎、混凝土板之间错台、唧泥及向上拱起等；二是混凝土板出现损坏，主要表现形式为产生裂缝、混凝土板断裂、局部出现坑槽和剥落、混凝土板出现麻面及磨光等。

二、病害形成的原因

（一）接缝破坏原因分析

1.混凝土板挤碎

混凝土板的胀缝处出现斜向的挤碎现象，导致整块混凝土板破碎或者断裂成多块。主要原因有：

（1）胀缝处设置的传力杆位置不准确。

（2）胀缝内部落入较为坚硬的杂物，导致混凝土板伸缩受阻。

（3）超载车辆对混凝土板超负荷碾压，导致混凝土板断裂。

2.拱起

当混凝土板受外部高温环境影响，膨胀受到阻碍时，中间部位的混凝土板会出现向上拱起的病害。主要原因有：

（1）在低温季节施工时，胀缝设置过长或者过窄。

（2）胀缝内部掉入较为坚硬的杂物，导致混凝土板热膨胀受到阻碍。

3.错台

错台是指相邻两块混凝土板或裂缝处出现高低差。主要原因有：

（1）胀缝两端处的混凝土板侧边不垂直，使两块混凝土板受到挤压后上下错开。

（2）地表水渗入基层甚至路床，发生不均匀沉降，形成错台。

（3）接缝传递荷载的能力较小，在车辆荷载作用下相邻混凝土板出现一定的挠度差。

（4）不同混凝土板处路基承载力不同，发生不均匀沉降，形成错台。

4.唧泥

唧泥是指接缝或者混凝土板裂缝处溢出泥浆的现象。唧泥的主要原因有：在行车荷载作用下，基层或者路基产生一定的非弹性变形，在长时间的累积下，混凝土板底出现脱空，地表水从混凝土板裂缝或接缝进入基层或路基，形成泥浆，再在行车荷载作用下从裂缝或接缝处溢出。唧泥往往还伴随着混凝土断板等病害。

（二）混凝土板损坏原因分析

1.裂缝或断板

主要表现形式有横向断裂或裂缝，纵向断裂或裂缝、网裂。主要原因有：

（1）施工时，缩缝切割不及时。

（2）路基强度不足或者发生不均匀沉降。

（3）混凝土板厚度不足或者长度过大。

（4）混凝土板受到的伸缩应力超过其抗拉应力。

（5）混凝土所处环境温差过大，导致其翘曲应力过大。

（6）水泥质量不满足要求，施工质量不合格，未及时进行养护等。

2.坑洞

混凝土板表面局部出现破损，且形成一定直径和深度的坑洞。主要原因有：

（1）所使用的水泥质量差，混凝土的水灰比过大，高温施工结束后未及时进行养护，导致混凝土表面水分蒸发过快。

（2）混凝土强度不足。

（3）反复受冻融影响。

（4）施工时，对混凝土表面进行抹面采用了砂浆对局部破损进行找平。

3.磨光

混凝土路面被磨光，导致其抗滑能力下降。主要原因有：

（1）长时间在重型车辆荷载作用下导致混凝土表面被磨光。

（2）施工拌制混凝土时，采用的粗集料硬度不足。

（3）施工时刻槽深度不足。

（4）刻槽过早，导致已刻槽部分被雨水冲刷。

三、各种病害的养护处理方法

在对水泥混凝土路面进行养护维修时，不能降低原有路面的结构及强度，要有针对性地对其补强、翻修，提高其使用性能。主要的方法有保养、修补、加铺面层及翻修等。

（一）裂缝修补

混凝土板较浅裂缝修补，可将混凝土板切割成 V 形槽口，清除杂物后在槽壁涂抹一层胶黏剂，然后用水泥砂浆将槽口补平。对于较宽的裂缝，可采用条带修补法进行修补。具体做法如下：首先将混凝土板沿裂缝扩展方向将其切割成方形槽口，然后在该槽口内每间隔 300 mm 钻孔，孔径为 160 mm，孔深为 60 mm，将巴钉打入该孔内（巴钉采用直径为 12 mm 的钢筋制作而成），再将高分子聚合物砂浆灌入槽内，在表面涂抹一层 ZV 型早强界面剂，然后洒水，完成养护即可。对于严重断板和裂缝严重的混凝土板，应采取局部或整块板更换的处理措施。具体做法为：将断板或破碎严重的部分凿除，然后整平基层，再在原板块处浇筑同强度等级的混凝土，养护至设计强度即可。

（二）坑槽修补

对于深度小于 3c m 的坑槽，可采用环氧树脂砂浆填充坑槽，再用水泥砂浆修复混凝土表面的措施进行处理。对于深度超过 3 cm 的坑槽，可采用凿除再修补表面的措施，具体做法如下：先将坑槽部位予以凿除，然后在开槽两侧植入一排钢筋，其间距为 5 cm 左右，浇筑同强度等级的混凝土，再养护至设计强度。

（三）错台修补

对于一般的混凝土板错台病害，可采用细石混凝土或水泥砂浆对其进行修补。当错台高度不超过 10 mm 时，可将高处的混凝土板均匀铲平，并与低处的混凝土板保持在同一高程；对于错台高度超过 10 mm 的病害，可将低处的混凝土板凿除 10~20 mm，再用快凝砂浆找平，应注意找平的坡度不应超过 1%。对于因板底脱空形成的错台病害，可采用注浆的措施进行处理。具体做法如下：钻孔→清孔→注浆（压力控制在 200~400 kPa）→封闭孔口及养护。应注意的是，注浆应从脱空严重处向较轻微处开始注浆。除此之外，此法还可以处理唧泥和板底脱空病害。

（四）拱起修补

对于混凝土板拱起病害，如果混凝土板完好无裂缝，可使用切割机将混凝土板拱起部位切 2~3 条横缝，以释放其应力；或者在拱起部位直接将混凝土板切断，再将其恢复至原位置，然后按混凝土路面接缝处理的方法进行填缝处理。如果拱起的混凝土板已经发生断板或者出现裂缝，则可按裂缝修补方法对其进行修补。

在实际工作中，对于水泥混凝土路面出现的各类病害，首先应分析其产生的原因，再有针对性地进行修补和养护。比如混凝土板错台病害，可能是不均匀沉降导致的，也有可能是板底脱空导致的。对于这两种不同原因产生的错台病害，应采取不同的修补措施。除此之外，在水泥混凝土路面进行日常养护的过程中，还要注意在修补时应以不产生新的病害为前提。对于病害的修补措施，远不止文中提到的这些方法，还有很多更经济、施工速度更快的方法有待从业者们挖掘。

第四节　高速公路路基路面的
养护与维修

一、工程概况

　　某高速公路工程路线全长 63.5 km，设计行车速度为 80 km/h，路面设计为双向 4 车道，采用沥青混凝土路面结构。该公路从建成至今投入使用近 2 年，由于长期行车荷载的作用以及周围环境的侵蚀，公路路基性能已经发生变化。经相关人员检测后得知，该工程如继续保持现状使用，极可能发生病害或事故问题。因此，为保证公路的行车安全，决定对公路路基开展养护与维修工作，本节据此展开分析。

二、高速公路路基养护与维修

（一）路基养护维修方案及要求

1.养护方案

　　（1）本工程路基日常养护工作的主要内容为：查看路肩上是否存在杂物、路肩污损情况、砌体情况；检查路基边坡是否存在破损、坍塌，边沟底部有无积土，边坡挡土墙是否遭受损坏；检查路基排水系统是否畅通，排水管道是否完整、有无漏水现象等；检查路基结构性能，明确路基的强度、承载力、病害情况等，如发现路基存在问题，应及时安排维修处理，使路基质量满足正常的使用要求。

　　（2）在路基养护工作中，除日常的养护检查外，在雨季来临、冬季降温期间还要加强对路基的检查，检查期间可针对存在隐患的路基位置采取必要的处理措施，以避免路基在恶劣天气的影响下出现问题，同时在每个季度都要安排专业的检测人员对路基整体质量作出评价，然后依据评价结果制定路基养护方案。此外，在路基养护过程中，所有的养护数据、资料应妥善保管、记录，以便于后续的调查研究。

2.养护要求

对本次路基养护维修工作结束后，要求路基性能满足设计要求；路基尺寸大小满足规范要求；路基现存的病害全部处理完成；路基的强度、承载力满足合理行车要求；路肩要求无车辙、坑槽、缺口问题，路肩横坡坡度保持适当；路基边坡要求稳定、坚固、平顺，同时边坡的挡土墙结构保持完整、坚固；路基的排水系统要求完整，边沟、截水沟、排水沟、暗沟等保持畅通，不存在堵塞、积淤等问题。

（二）路基养护维修内容

1.路肩养护

（1）路肩位于公路路基的边缘地带，主要是由公路外侧路缘带、保护性土路肩以及硬路肩组成，其对公路的作用可分为三点：其一，路肩位于公路两侧，由于路肩的存在，当公路上行驶的车辆因事故或故障发生失控问题时，车辆会先冲撞至公路的路肩，从而有效地控制住失控车辆，避免事故的进一步扩大；其二，路肩能够提升公路的宽度，为车辆提供充足的视野，保证车辆的行驶体验；其三，路肩还能增加公路弯道的视线距离，提升公路行驶的安全性，避免事故的发生。

（2）根据对路肩的作用分析可知，路肩养护直接关系到公路的安全。因此，在本工程路肩养护工作中，养护人员要定期对路肩的质量进行检查，一旦发现路肩存在松软问题，应第一时间分析其原因并制定详细的处理措施。同时，公路表面的地表水均由路肩的急流槽排出，养护人员要对路肩的排水系统进行检查与维修，并对路肩的坡度进行检查，以保证路面积水可以沿设置的坡度汇集至路肩的急流槽中。

（3）公路在长期的使用过程中，不可避免会发生安全事故。当车辆冲撞向路肩时，会在路肩上方形成一定的坑迹，若不能及时对存在的坑迹进行处理，长此以往坑迹内会慢慢积攒雨水，并缓慢地向路肩及公路结构内部渗透，从而造成公路病害的发生，严重影响公路的使用安全。因此，在路肩养护工作中，养护人员需要对路肩表面的坑迹进行详细排查并采取措施进行修补，保证路肩的完整性。

2.挡土墙养护

挡土墙是一种构筑物，一般位于路基边坡的坡脚处，主要作用是为路基边坡的土体提供支撑力，增加边坡的稳定性，避免滑坡、坍塌等边坡灾害发生。在本工程边坡挡土墙的养护工作中，养护人员要定期对挡土墙结构进行检查。如发现存在裂缝、下沉、风化等问题，要及时上报并处理。针对挡土墙裂缝，养护人员可利用同配比的水泥砂浆修补。对于风化严重的挡土墙，可直接更换挡土墙结构。对于下沉或松动的挡土墙，采取加固措施进行固定。此外，冬春交替的季节，边坡土体处于消融期，此时挡土墙极易发生病害问题，在该阶段养护人员要增加对挡土墙的检查次数。

3.边坡养护

（1）边坡位于路基的两侧，包括路堑边坡与路堤边坡两部分，能有效地保护路基结构的稳定性，此举是路基养护中的重要内容。本工程路基边坡养护中，不同结构边坡采取的养护方法略有区别，针对石质边坡进行养护时，养护人员要保证边坡的稳定性，先检查石质边坡中采用的石料是否存在风化问题，若风化情况严重，则应采取加固措施处理，然后检查边坡周围是否存在围岩、浮石、滑塌体，若存在则应及时将边坡周围的围岩、浮石、滑塌体等清除，以避免发生安全事故。

（2）对于土质边坡的养护，养护人员要定期对边坡上的植物进行浇水、修剪、施肥，避免边坡上杂草丛生影响其他植物的正常生长。检查边坡土体是否存在坍塌、滑坡、冲沟等问题，如发现问题，养护人员应采取浆砌片石进行护坡处理，以增加土质边坡的稳定性。此外，无论石质边坡还是土质边坡，养护阶段都应对边坡的排水系统进行定期检查，确保边坡上的积水能够及时排除，从而避免对边坡稳定性造成影响。

4.排水设施养护

（1）路基养护中还要对排水系统进行检查与维修，路基的排水系统主要由边沟、截水沟、排水沟、急流槽、暗沟、渗沟等组成。其中，边沟、截水沟、排水沟、急流槽等排水设施均位于路基上方，主要作用是排出路基表面以及路基结构内部的积水，而暗沟、渗沟等位于路基结构下方，主要是降低地下水位，避免路基遭受地下水的侵扰。通过地下与地上排水系统的相互结合，可有效避免路基发生水损害问题，保证路基整体结构的稳定性。

（2）本工程路基排水系统养护时主要是确保排水系统的全面疏通，保证排水结构的完整性，如发现排水系统结构存在问题，针对边沟、截水沟、排水沟、急流槽等地面设施，养护人员可采用片石铺砌加固，或采用水泥混凝土预制块铺砌加固，若暗沟和渗沟等地下设施受损严重，直接更换排水管道即可。此外，雨季来临时，养护人员还要加强对排水系统的检查，及时排除堵塞路段，保持水路畅通，避免积水对路基结构造成损坏，同时在暴雨过后，及时检查排水系统的完整性，若存在问题则按上述方法修复处理。

5.路基结构养护

（1）除上述路肩、挡土墙、边坡、排水系统的养护工作外，养护人员还要对路基结构本身进行合理的养护与维修。首先，养护人员要定期检查路基的完整性，包括路基厚度、强度、病害情况等，然后根据检测结果制定详细的修复方案。依据本工程路基结构的养护检查情况可知，路基结构内部并无大面积的病害问题，只是路基局部结构强度不足且存在细微的裂缝现象，可采用劈裂注浆加固法进行处理。

（2）劈裂注浆加固法是一种安全且对路基结构影响较小的加固方法。该方法加固施工时无须开挖路基，只需要对局部强度不足的路基位置使用机械钻取一个小孔，然后利用注浆设备向路基结构内部注浆，使路基内部的土体发生变化，便可以完成加固目的。该方法施工时可分为三个阶段，分别为初始压密阶段、初始劈裂流动阶段、二次劈裂阶段，每个阶段的注浆压力与速度均不相同，经三个阶段的注浆加固后，可有效提升路基强度。

（3）劈裂注浆加固施工前先在路基结构有问题的位置钻取小孔，当完成钻孔和布置注浆管的工作后开始初始注浆，本次路基结构加固施工采用的注浆液为水、粉煤灰、水泥以及水玻璃拌和而成的混合液，初始注浆时由于浆液的能量值相对较小，且较多的浆液位于注浆设备底部，注浆过程中并不能给路基结构带来实际的加固效果，只能实现对路基的压密作用。因此，此阶段称为初始压密阶段。当注浆速度达到一个阶段值后，浆液的能量值会增大，可初步实现对路基土体的劈裂，此时进入初始劈裂阶段。

（4）初始劈裂注浆的速度明显提升，注入的浆液会根据路基结构的受损情况，向受损严重的路段流动并逐步向结构内部渗沟，使浆液大面积分布于路基结构中，以将路基结构内部存在的空气以及水分挤出地表外，实现增加路基结构密度、提高路基稳定性和强度的目的。当注浆量再度达到饱和后，路基结构内部已经充满浆液，此时继续注浆时路基结构就会在垂直方向出现裂缝，实现初始的劈裂。

（5）随着注浆量的增加，路基的劈裂程度也会继续扩大，直至达到第二个峰值，路基出现二次破裂，也称为二次劈裂。在此阶段，初始劈裂与二次劈裂时的注浆浆液会在路基结构内形成明显的注浆脉络，并填充于路基结构裂缝中间，从根本上增加路基结构的稳定性与强度，完成对路基的维修。

（三）养护维修注意事项

为确保本工程路基养护与维修效果，养护前养护单位应注意做好准备工作。首先，根据工程路基的实际情况，制定完善的养护方案以及养护质量管理体系，以明确各养护部门与养护人员的职责，如养护过程中出现问题，养护单位可第一时间确定责任人；其次，对养护人员进行必要的培训，加强养护人员的质量意识，避免养护中出现偷工减料问题，导致养护工作不到位；最后，在养护施工前安排专业的人员对工程场地进行调查，做好养护材料、设备的检查工作，不合格的材料严禁出现在养护现场。

当前，路基养护维修的各种先进设备以及技术不断出现，如计算机技术、信息技术、地理信息技术等，采用先进的技术开展路基养护工作，不仅可以提高养护的效率，还能大幅保证养护工作的准确性，减少人为因素导致的误差。因此，在本工程养护工作中，养护单位应注意加强对信息化养护技术的应用。在路面结构养护时，养护人员可采用无损检测技术，利用地质雷达设备，对路基结构病害、厚度进行检测，以避免对路基结构造成破坏，提升检测精度，最终达到保障路基养护的目的。

在路基养护工作中，一般不会完全封闭交通进行养护作业。因此，在养护阶段要注意做好养护人员的安全防护工作。在开展本工程路基养护维修工作时，所有的养护人员必须按照各自的岗位职责开展工作，养护过程中必须穿戴安全防护用具。在养护过程中，施工单位要根据规定要求设置警告区、上游过渡区、缓冲区、作业区等，以避免车辆直接冲入养护作业区。针对路基夜间养护作业时，施工单位必须设置相关标志，以保证夜间施工的安全。

公路路基养护与维修是一项复杂的技术，公路路基涉及领域广泛、养护内容多、难度大，如在路基养护过程中不能采取合理的养护方案，不仅会浪费人力、物力和财力，还可能对公路路基本身结构造成影响。因此，为做好公路路基的养护与维修工作，路基养护前应因地制宜制定合理的养护方案，养护中要严格落实路基每个位置的养护维修要点，同时要加强养护人员的管理，从而保证养护工作的顺利进行，避免路基病害的发生。

三、高速公路路面养护与维修

（一）龟裂和沉陷

由于这类病害危害较大，基本上这类病害的整治都可以被列入"专项工程"计划。具体的机械配置有切割机、铣刨机、洒布车、沥青拌和机等。

在"专项工程"计划中，当存在大面积的路面损毁时，要首先调查基层情况。如果基层损坏程度较大，则必须进行彻底的处理；如果损害面积较小，则可以使用粗粒式沥青混凝土进行填补；若是更大面积的损毁，则要重新铺设水泥碎石基层。

对于一些小面积的修补，需要用到多种机械设备，如切割机、铣刨机、综合养护车、手扶式压路机、光轮胶轮压路机等。切割机的作用是将要修补的部分切割，便于修补，减少原料的损耗。用铣刨机对切割的地面进行刨除，要清理干净路面损坏的原料，保证坑底稳固。为了防止路面崩塌，还要在坑的四周刷上沥青。

在填坑时，要使用综合养护车（或人工）。填补完之后要用光轮胶轮压路机（手扶式压路机）碾压路面，对填补的混合材料碾压密实。

（二）纵向裂缝或横向裂缝

由于冬季气温较低，路面会由于热胀冷缩遭到破坏，为了防止裂缝出现，就要采用灌缝技术。使用手推喷枪将热空气吹向裂缝，把裂缝中的杂物全部清理干净，同时使裂缝两侧的沥青混凝土变得松软，再使用沥青喷枪对路面的裂缝进行填补，最后进行清理即可。

（三）"专项工程"机械化养护施工技术

施工之前，要对路面进行勘察，并全面记录路面信息，再对这些信息进行讨论研究，以确定准确的施工方案，避免因不了解路面情况而在施工过程中出现错误。

1.路面铣刨

（1）铣刨前路面测量。修补路面时，要对路面损坏处进行修补，通过测量高程来确定修补的面积和深度。

（2）切割机切边。确定补修面积后，要划分修补的部分，使用切割机把划分出来的部分切割。切割时要保障切割面的整齐光滑。要用铣刨机对切割的地面铣刨，铣刨的深度通常为3～4 cm。当遇到特殊的路面时，要根据坑槽的状态选取深度。

（3）喷洒乳化沥青。要使用沥青洒布车将乳化沥青填满路面，由于沥青刚开始不是固态，要经过几个小时的晾晒使其固态化。

2.沥青混合料摊铺

（1）施工之前需测量计算，故摊铺作业开始之前，要对施工地段进行反复的测量，根据测量的结果来进行摊铺，同时也要严格计算摊铺厚度。

（2）在摊铺过程中，为了保证摊铺厚度的一致性，要在摊铺时保持匀速行驶，直到摊铺结束。如果摊铺的坑槽深度过大，不可一次摊铺完毕，要分几次进行摊铺。在摊铺时要在接头处保持平整，避免出现参差不齐的现象。机械铺设不到的区域，则要人工进行摊铺。

3.沥青混合料压实

（1）碾压机进行路面碾压时，要遵守碾压规则，从坑槽外向里进行碾压。

（2）碾压要进行多次，以保证沥青混合料被压实。一般分三次进行碾压，第一次是用双钢轮压路机静压，第二次用振动压实，第三次用胶轮压路机压实，第一次和第三次都要碾压2～4遍，第二次碾压4～6遍。

（3）为了保证新旧路面的高度一致，不能采用较大的压路机进行碾压，而应使用小型压路机进行碾压。

4.沥青混合料拌和及运输

沥青混合料的原料比例要尽量精确，当天使用的沥青混合料要在前一天告知搅拌厂进行配料和搅拌，配料的比例由路面工程技术人员进行配置并告知搅拌厂。为了高效率地完成搅拌，搅拌厂集中一次进行搅拌。

在使用原料之前，要由试验人员在试验室进行检测，确保原料的质量，在检验过程中要严格执行，不可马虎，只有各项指标达标才能被使用。沥青混合材料填充之后也要进行取样试验，为碾压工作做准备。

在高速公路施工过程中，导致沥青路面出现病害的因素比较多，包含设计因素、施工因素和管理因素。因此在施工时，要从各个方面进行详细的研究，制定科学有效的施工质量控制措施，并优化养护方式，从而有效提高高速公路沥青混凝土路面施工质量。

参 考 文 献

[1] 曹亦纯. 基于 DEA 的南昌市国省道养护效果评价及策略研究[D]. 南昌：
南昌大学，2022.

[2] 陈成华，黄俊杰，王鑫越. 公路路基路面原位动力加载试验技术与装备[J].
公路，2023，68（05）：19-24.

[3] 陈金彪，杨青. 公路改扩建工程路基路面拼接施工技术[J]. 工程机械与维
修，2023（02）：72-74.

[4] 陈开，张青. 论道路工程路基路面病害的治理方法[J]. 建材与装饰，2018
（43）：278-279.

[5] 陈祥. 道路路基路面的施工质量控制[J]. 城市建设理论研究（电子版），
2022（34）：73-75.

[6] 陈亚伟. 道路桥梁工程中沉降段路基路面施工要点分析[J]. 工程技术研
究，2023，8（02）：70-72.

[7] 程玲. 重荷载作用下沥青路面路基受力分析[J]. 交通世界，2022（29）：
61-63，66.

[8] 代飞龙. 市政道路桥梁工程中沉降段路基路面的施工要点[J]. 工程机械与
维修，2022（06）：225-227.

[9] 戴岩. 市政道桥工程路基路面压实技术分析与思考[J]. 黑龙江环境通报，
2022，35（04）：136-139.

[10] 单晓东. 公路工程路基路面压实施工技术研究[J]. 交通世界，2023（08）：
25-27.

[11] 邓建华. 公路工程路基路面压实施工技术与设备研究[J]. 中国设备工程，
2023（14）：258-260.

[12] 丁利. 公路工程施工中路基路面压实技术研究[J]. 建筑技术开发，2022，49（19）：117-119.

[13] 董军华. 浅谈改扩建公路路基路面设计[J]. 城市建设理论研究（电子版），2023（09）：100-102.

[14] 樊建彬. 高速公路改扩建工程路基路面拓宽设计[J]. 交通世界，2023（11）：116-118.

[15] 付国. 路桥工程中沉降段路基路面施工技术要点[J]. 科技创新与应用，2023，13（04）：186-189.

[16] 高峰，郭中强. 市政道路路基路面设计方法及要点研究[J]. 工程技术研究，2022，7（24）：165-167.

[17] 葛宏雁. 高速公路改扩建工程路基路面拼接施工技术管理探析[J]. 工程机械与维修，2023（01）：119-121.

[18] 韩丹. 路桥工程中路基路面施工技术的应用[J]. 中国高新科技，2023（08）：23-24，33.

[19] 韩小刚. 市政工程的路基路面施工工艺[J]. 大众标准化，2022（19）：63-65.

[20] 韩晓辉. 浅谈路基路面施工技术在路桥工程中的应用[J]. 科技展望，2016，26（11）：32.

[21] 郝劲鑫. 公路工程路基路面压实施工工艺[J]. 四川建材，2023，49（04）：129-131，134.

[22] 何忠文，邹颖. 关于改扩建公路路基路面设计方案的分析[J]. 黑龙江交通科技，2022，45（10）：22-24.

[23] 侯永盛. 市政道路桥梁工程中沉降段路基路面施工技术[J]. 城市建筑空间，2022，29（S2）：894-895.

[24] 江强. 公路路基路面排水施工技术研究[J]. 运输经理世界，2022（33）：31-33.

[25] 蒋炜. 公路路基路面病害检测与修复分析[J]. 建筑技术开发，2022，49（24）：158-160.

[26] 蒋永垒.交通土建工程路基路面施工的关键技术分析[J].住宅与房地产，2017（15）：274.

[27] 康忠明.道路桥梁工程中沉降段路基路面施工技术探讨[J].石材，2023（04）：42-44.

[28] 赖冠斌.市政公路工程路基路面施工技术与质量控制措施[J].工程与建设，2023，37（02）：689-691.

[29] 赖健聪，鲁泽.交通土建工程路基路面施工的关键技术研究[J].智能城市，2016，2（06）：96.

[30] 李春生.市政路桥过渡段路基路面施工技术[J].科学技术创新，2022（26）：133-136.

[31] 李海龙.高速公路改扩建工程设计技术研究[J].西部交通科技，2022（11）：100-102.

[32] 李慧君.道路桥梁沉降段路基路面施工技术要点探讨[J].黑龙江交通科技，2022，45（11）：41-43.

[33] 李俊涛.公路路基施工控制技术在施工中的应用[J].科技与企业，2016（03）：160.

[34] 李明界.市政道路工程路基路面质量管理控制要点分析[J].运输经理世界，2022（33）：65-67.

[35] 李宁.市政道桥工程路基路面压实技术分析[J].运输经理世界，2022（28）：101-103.

[36] 李绍嵩.道路工程中沉降段路基路面施工技术的应用[J].建筑工人，2023，44（05）：44-46.

[37] 李西茜.交通工程路基路面压实施工技术分析[J].运输经理世界，2022（26）：40-42.

[38] 李依倩.桥梁工程中沉降段路基路面的施工要点分析[J].城市建设理论研究（电子版），2023（10）：106-108.

[39] 林荣华.浅谈市政道路拓宽工程的设计[J].四川水泥,2022(12):269-271.

[40] 刘方金. 交通工程道路桥梁沉降段路基路面施工技术研究[J]. 运输经理世界，2021（21）：41-43.

[41] 刘燕. 城市道路改建工程设计探讨[D]. 广州：华南理工大学，2017.

[42] 刘泽农. 盘龙 39 号路道路工程路线与路基路面设计分析[J]. 交通科技与管理，2023，4（05）：120-122.

[43] 楼佳鑫. 市政道路桥梁工程中沉降段路基路面施工技术[J]. 城市建设理论研究（电子版），2023（02）：92-94.

[44] 卢臻杰. 城市防洪堤与城市道路结合工程的设计探讨[J]. 水利水电科技进展，2006（04）：59-61.

[45] 罗丰. 交通土建工程路基路面施工的关键技术研究[J]. 居业，2015（06）：54-55.

[46] 马世雄. 道路交通与路基路面工程[M]. 重庆：重庆大学出版社.

[47] 欧阳夏龙. 公路工程建设中路基路面压实施工的技术要点[J]. 运输经理世界，2023（04）：28-30.

[48] 彭锐. 市政路桥过渡段路基路面施工技术[J]. 科技创新与应用，2022，12（32）：185-188.

[49] 蒲鹏. 公路工程项目路基路面压实施工技术分析[J]. 城市建设理论研究（电子版），2023（14）：109-111.

[50] 戚金明. 公路施工中的路基路面压实技术实施探索[J]. 黑龙江交通科技，2023，46（05）：88-90.

[51] 齐少博. 市政道路工程中沉降段路基路面施工技术研究[J]. 运输经理世界，2023（02）：28-30.

[52] 乔伟. 路桥过渡段路基路面的结构设计探析[J]. 中小企业管理与科技（下旬刊），2016（06）：73-74.

[53] 尚渝超. 道路工程中沉降段路基路面的施工技术要点[J]. 交通建设与管理，2022（06）：142-143，117.

[54] 时竹星. 公路工程中路面路基设计要点的探究思路分析[J]. 四川建材，

2023，49（02）：166-167.

[55] 苏茜，兰洋洋.道路工程路基路面压实技术研究[J].大众标准化，2022（24）：151-153.

[56] 隋佳毅.公路工程路基路面施工质量影响因素及防范[J].大众标准化，2022（20）：36-38.

[57] 谈辉.浅谈市政道桥工程的路基路面施工技术[J].价值工程，2022，41（30）：120-122.

[58] 唐利民.路基路面工程实体结构数字孪生模型构建技术与方法[J].公路，2022，67（12）：1-9.

[59] 陶亚平.公路工程路基路面压实施工的实际应用[J].石材，2023（04）：120-123.

[60] 王超，周波超，魏中华.交通强国引领下道路工程专业核心课程教学创新与实践——以路基路面工程课程为例[J].高教学刊，2022，8（12）：50-53.

[61] 王慧.道路桥梁工程中沉降段路基路面施工技术[J].四川建材，2023，49（07）：107-109.

[62] 王金.公路路基路面扩宽铣刨拼接施工技术研究[J].运输经理世界，2022（31）：22-24.

[63] 王卫.论公路工程项目路基路面压实技术[J].交通科技与管理，2023，4（10）：117-119.

[64] 王泽珊.市政道桥工程沉降段路基路面的施工技术研究[J].散装水泥，2022（05）：165-167.

[65] 卫东.施工中路基路面施工技术重点探析[J].黑龙江交通科技，2022，45（10）：25-27.

[66] 吴德军.公路路基路面的试验检测技术实施探讨[J].城市建设理论研究（电子版），2022（33）：88-90.

[67] 吴建军.城市交通系统复杂性——复杂网络方法及其应用[M].北京：科学出版社，2010.

[68] 吴沛昂.公路工程路基路面施工质量影响因素及防范措施[J].运输经理世界，2023（06）：10-12.

[69] 吴雯，刘蓓.高速公路路基路面病害特征及养护技术[J].四川建材，2023，49（01）：169-171.

[70] 武威.探究市政道路桥梁工程中沉降段路基路面施工技术[J].中国建材科技，2023，32（02）：113-114，101.

[71] 席建宇.道路桥梁工程建设中的沉降段路基路面施工工艺[J].建筑安全，2023，38（05）：85-88.

[72] 肖广源.市政道路工程中沉降段路基路面的施工技术[J].城市建设理论研究（电子版），2023（07）：74-76.

[73] 谢超.市政道路工程中沉降段路基路面的施工技术分析[J].城市建设理论研究（电子版），2022（34）：52-54.

[74] 谢洪涛.市政工程的路基路面施工工艺探讨[J].四川水泥，2015（06）：270.

[75] 徐敏.市政道路桥梁工程中沉降段路基路面施工技术[J].居业，2023（02）：19-21.

[76] 徐耀辉.市政道桥工程中沉降段路基路面施工技术研究[J].城市建设理论研究（电子版），2023（01）：155-157.

[77] 闫秀梅，刘召起.道路桥梁沉降段路基路面施工探讨[J].中国高新技术企业，2015（15）：100-101.

[78] 杨忠兴.浅谈道路工程路基路面病害治理措施[J].科技资讯，2013（28）：36，38.

[79] 尤勇.动态变形模量 $E\_{(vd)}$ 的公路工程适用性研究[J].北方交通，2023（04）：62-65.

[80] 余洪波.公路工程建设中路基路面施工技术要点分析[J].运输经理世界，2023（10）：23-25.

[81] 禹柯.公路工程路基路面压实施工技术措施分析[J].城市建设理论研究

（电子版），2023（13）：110-112.

[82] 翟瑛.高速公路工程中路面路基质量控制研究[J].交通科技与管理，2023，4（03）：126-128.

[83] 张昌兴.改扩建道路路线及路面路基的设计探讨[J].四川水泥，2022（12）：239-241.

[84] 张景怡，杨宇婷，李松.应用型人才培养模式下的"路基路面工程"课程建设[J].新课程研究，2023（06）：14-16.

[85] 张竟.市政道路工程路基路面规划设计研究[J].工程建设与设计，2023（02）：87-89.

[86] 张扬.公路交通工程建设中的路基施工及其管理建议[J].智能城市，2019，5（23）：174-175.

[87] 赵海涛.道路桥梁工程路基路面压实施工技术研究[J].自动化应用，2023，64：172-173.

[88] 赵旷.公路路基路面施工技术分析[J].黑龙江交通科技，2022，45（10）：61-63.

[89] 周波.现场测试随机选点法应用空间研究[J].工程质量，2023，41（S1Z1）：92-96，121.

[90] 周永兴.公路工程路基路面压实机械施工技术措施探讨[J].中国设备工程，2023（05）：200-202.

[91] 朱海波，贾朝霞，张宏博，等.重载交通下的路基工作区界定问题探讨[J].公路交通科技，2009，26（01）：39-44.

[92] 朱翔，张灿君.市政道路工程中沉降段路基路面的施工技术[J].大众标准化，2022（21）：56-58.

[93] 祝鸿，隋永芹.路基路面工程课程思政教学探讨[J].黑龙江科学，2022，13（21）：99-101.

[94] 邹颖，何忠文.关于公路路基路面设计应用要点分析[J].黑龙江交通科技，2022，45（09）：56-58.